Morris Onduko

Um sistema de informação baseado na Web para a gestão de doenças crónicas

Morris Onduko

Um sistema de informação baseado na Web para a gestão de doenças crónicas

ScienciaScripts

Imprint
Any brand names and product names mentioned in this book are subject to trademark, brand or patent protection and are trademarks or registered trademarks of their respective holders. The use of brand names, product names, common names, trade names, product descriptions etc. even without a particular marking in this work is in no way to be construed to mean that such names may be regarded as unrestricted in respect of trademark and brand protection legislation and could thus be used by anyone.

Cover image: www.ingimage.com

This book is a translation from the original published under ISBN 978-613-8-50264-7.

Publisher:
Sciencia Scripts
is a trademark of
Dodo Books Indian Ocean Ltd. and OmniScriptum S.R.L publishing group

120 High Road, East Finchley, London, N2 9ED, United Kingdom
Str. Armeneasca 28/1, office 1, Chisinau MD-2012, Republic of Moldova, Europe
Printed at: see last page
ISBN: 978-620-8-16664-9

RECONHECIMENTO

Gostaria de expressar o meu sincero agradecimento ao meu supervisor, Sr. Erick Ayienga, pela sua orientação e apoio constantes, sem os quais o sucesso deste projeto não teria sido possível. Estou igualmente grato ao Dr. Abade e ao Dr. Kahonge da Escola de Computação e Informática - Universidade de Nairobi pelo seu valioso contributo para a conclusão bem sucedida deste projeto.

Gostaria igualmente de agradecer aos meus colegas de escola, Sr. Benard Osero e Sr. Vincent Mosoti, pelo apoio moral e encorajamento durante todo o período de investigação. À minha querida esposa Sarah, e aos nossos adoráveis filhos Hope e Psalm - estou profundamente grato pelo vosso apoio moral. Um agradecimento muito especial para vós também!

DEDICAÇÃO

Dedico este trabalho especificamente a todos os médicos que dedicam as suas vidas a ajudar os doentes com doenças crónicas no Quénia e em todo o mundo em geral. O vosso esforço neste nobre curso é, sem dúvida, uma determinação em tornar o mundo um lugar melhor para se viver!

RESUMO

Atualmente, os sistemas distribuídos estão a crescer dinamicamente em termos de novas aplicações, componentes de hardware e de rede, utilizadores, alterações da carga de trabalho e em várias aplicações de investigação. Um conjunto de dados distribuídos está a ter a sua importância para fornecer os dados de várias fontes. Este estudo de investigação tem como objetivo dar uma visão geral desta área, avaliar o estado atual do campo e prever possíveis tendências futuras neste domínio, com o objetivo específico de desenvolver um sistema distribuído que forneça apoio a médicos, enfermeiros, farmacêuticos e outros profissionais de saúde, bem como a pacientes e dispositivos médicos utilizados para monitorizar continuamente pacientes com doenças crónicas.

Neste estudo de investigação foi desenvolvido um protótipo de sistema web distribuído, com três bases de dados de pares e uma base de dados principal, que comunicam através de serviços web. Foram criados doentes fictícios nas bases de dados dos pares e, através de um serviço de sms móvel automatizado, os dados dos doentes foram tornados acessíveis a partir de qualquer uma das outras bases de dados dos pares. A partir dos resultados obtidos, ficou evidente que a partilha do historial médico anterior dos pacientes tem um impacto positivo na qualidade dos cuidados de saúde que os pacientes recebem sempre que se deslocam às instalações médicas para tratamento, especialmente os que sofrem de doenças crónicas. A utilização de um sistema distribuído baseado na Web para facilitar o acesso a estes dados foi demonstrada no Capítulo 4. A investigação sobre a utilização de sistemas distribuídos com base na Web nos cuidados de saúde foi feita através de um estudo aprofundado de plataformas semelhantes, como a utilização do openMRS, sobretudo no mundo ocidental, e de artigos revistos que sublinharam a importância da partilha de dados médicos, especialmente no caso de doentes com doenças crónicas, que podem deslocar-se de um local para outro.

ÍNDICE DE CONTEÚDOS

ABREVIATURAS

EHealth – Electronic Health

ERecord –Electronic Record

QoS - Quality of Service

SMS – Short Message Service

USSD - Unstructured Supplementary Service Data

NGO – Non-Governmental Organization

USP – Unique Selling Point

HIV - Human Immunodeficiency Virus

AIDS – Acquired Immune Deficiency Syndrome

TB – Tuberculosis

MDR-TB – Multidrug Resistance Tuberculosis

XML - EXtensible Markup Language

SOAP - Simple Object Access Protocol

WSDL - Web Services Description Language

USSD - Unstructured Supplementary Service Data

UDDI - Universal Description, Discovery, and Integration

CAPÍTULO 1

INTRODUÇÃO

1.1 Contexto

Os sistemas de saúde no Quénia são prejudicados por recursos financeiros inadequados, juntamente com uma escassez e distribuição desigual de especialistas em cuidados de saúde, sistemas de informação e má gestão e falta de conhecimentos técnicos (Freeman e Hughes, setembro de 2013). Em estreita relação com os registos médicos electrónicos estão os registos pessoais de saúde, que surgiram como um meio alternativo de permitir que os doentes controlem o acesso às suas informações de saúde, capacitando-os simultaneamente para tomarem decisões adequadas relacionadas com a saúde. Com os registos pessoais de saúde, os doentes podem manter registos actualizados e comunicar as suas informações pessoais de saúde de uma forma que lhes permite controlar melhor a sua saúde e, em geral, o seu estilo de vida. Os grandes fornecedores de tecnologia, como a Google e a Microsoft, já lançaram os seus produtos de registos de saúde pessoais no mercado. A observação mais preocupante é o facto de a adoção destas tecnologias continuar a ser desanimadora, especialmente nos países desenvolvidos, com um mínimo de informação de investigação disponível para explicar substancialmente esta baixa tendência de adoção (Helmer, et al., 2011).

Este projeto culminou na investigação e desenvolvimento de uma plataforma distribuída de sistema de registo médico eletrónico baseado na Web e de um sistema de informação SMS destinado ao acompanhamento, gestão, monitorização e gestão de programas para pacientes que sofrem de doenças crónicas, principalmente VIH/SIDA e tuberculose, especialmente em áreas com poucos recursos. O objetivo é melhorar a prestação de serviços de cuidados de saúde em zonas geográficas com recursos limitados, coordenando uma comunidade médica para criar e criar um ambiente de colaboração através deste software. O sistema permitirá uma relação constante entre o(s) médico(s) ou o responsável clínico e o seu paciente, durante todo o período de medicação. Este sistema distribuído de informação sobre cuidados de saúde consistirá numa amálgama de computadores independentes ligados através de uma rede com ou sem fios e de um middleware de distribuição, que permite que os computadores coordenem as suas actividades e partilhem os recursos do sistema de forma a criar a perceção de um sistema único integrado de computação. Com uma procura extremamente crescente, os sistemas autónomos não podem servir adequadamente as necessidades, especialmente as que são de natureza geograficamente distribuída.

1.2 Declaração do problema

A expansão do tratamento de doenças crónicas nos países em desenvolvimento exige uma relação a longo prazo com o doente, registos exactos e acessíveis do historial de cada doente e métodos para acompanhar a sua evolução. As doenças crónicas como o cancro, a diabetes, as doenças cardiovasculares e a asma representam um encargo crescente e preocupante para a saúde nos países emergentes e do terceiro mundo. As estatísticas da Organização Mundial de Saúde revelam que, dos 36 milhões de mortes anuais por doenças crónicas, 80% ocorrem em países de baixo e médio rendimento (OMS, maio de 2014). A prevenção e as equipas multidisciplinares nos cuidados primários e na saúde pública são as melhores para gerir as doenças crónicas. Para gerir o rápido crescimento do fardo das doenças crónicas, é necessário um pessoal interdisciplinar de cuidados básicos (Bodenheimer, et al., 2009). Estudos demonstraram que existe uma maior percentagem de perda de acompanhamento dos doentes com VIH em África, especialmente no Quénia, durante o tratamento, e que muitos doentes não chegam a iniciar o tratamento. Alguns programas de prevenção da transmissão materno-infantil registam mais de 80% de perda de seguimento dos bebés nascidos de mães seropositivas. Estes doentes correm um grande risco de desenvolver resistência aos medicamentos se a sua terapêutica antirretroviral for interrompida ou mesmo de morrer. Verificaram-se complicações comparáveis na expansão da gestão da TB-MDR.

1.3 Objectivos da investigação

Este estudo de investigação visa desenvolver um sistema distribuído baseado na Web que criará uma plataforma de partilha de informações entre os diferentes intervenientes encarregados de gerir os doentes com doenças crónicas. Os objectivos específicos deste estudo são os seguintes

i. Realizar investigação sobre a utilização de sistemas distribuídos baseados na Web nos cuidados de saúde.

ii. Desenvolver um sistema de informação de saúde distribuído baseado na Web.

iii. Testar e avaliar o sistema.

iv. Analisar os resultados e interpretar as conclusões.

O sistema ajudará a acompanhar os doentes através da manutenção de registos de dados críticos, como testes laboratoriais e medicação, ao mesmo tempo que fornece actualizações contínuas do estado dos seus regimes de tratamento. Se o sistema for um sistema genérico, poderá ser facilmente reproduzido para ajudar a combater a SIDA e outras doenças crónicas no Quénia e mesmo alargado a toda a África. A solução ajudará a planear e a coordenar os cuidados de saúde de pacientes com doenças crónicas ou terminais, incluindo pacientes com estas doenças que requerem cuidados multidisciplinares e em equipa de, pelo menos, dois ou mais prestadores de cuidados de saúde.

1.4 Justificação

Os sistemas distribuídos, que são aplicações baseadas na Web suportadas pela Internet, permitem a partilha de recursos a nível local e global, tirando partido do rápido crescimento da tecnologia da Internet, o que contribui para a eficiência e a rapidez das operações de transferência de dados. Em comparação com os sistemas de informação tradicionais, os sistemas distribuídos desempenham melhor as tarefas com base nos seguintes méritos atribuídos à distribuição: abertura associada à partilha de recursos e concorrência, robustez e escalabilidade. A principal alternativa ao sistema distribuído a desenvolver neste projeto pode ser o openMRS, um sistema médico de código aberto que pode ser utilizado para fins semelhantes. A vantagem competitiva deste projeto baseia-se no facto de não existirem histórias de sucesso do openMRS no Quénia. Isto significa que a maioria dos hospitais utiliza sistemas manuais ou sistemas de informação autónomos para registar dados. Ao contrário do openMRS, a solução proposta será acedida uniformemente a partir da infraestrutura de bases de dados distribuídas. Através da partilha das bases de dados, os dados de todas as instituições médicas serão sincronizados, facilitando o acompanhamento e a monitorização dos pacientes, mesmo quando estes mudam de instalações médicas.

1.5 Questões de investigação

Os resultados de vários estudos indicam que os sistemas de saúde autónomos não permitem a partilha de informações médicas dos doentes, especialmente no caso de doentes terminais ou crónicos. Esta situação não só deixa os médicos a atender estes doentes sem ter em conta o seu historial médico, como também sujeita estes doentes a cuidados de saúde deficientes. Este projeto de investigação fornece soluções para questões fundamentais relativas à utilização eficaz de sistemas distribuídos nos cuidados de saúde, tais como

   i.   Os actuais sistemas de saúde respondem adequadamente às necessidades dos doentes com doenças crónicas?

   ii.   A utilização de sistemas distribuídos nos cuidados de saúde responde significativamente aos desafios associados à gestão de doentes com doenças crónicas?

   iii.   Que outros serviços adicionais contribuem os sistemas distribuídos para a gestão de pacientes com doenças crónicas?

   iv.   É viável desenvolver um sistema de informação sanitária distribuída com base na Internet?

1.6 A solução proposta

Este sistema Web baseado na nuvem será utilizado pelos médicos para acompanhar os doentes que sofrem de doenças crónicas e que necessitam de uma relação a longo prazo com eles. O produto é único, na medida em que todos os dados dos doentes são guardados numa base de dados central, o que permite evitar a duplicação de dados no caso de os doentes visitarem diferentes centros de saúde para tomar medicamentos. Será mais fácil conhecer o historial médico de um doente no caso de este mudar de local devido a factores sociais/naturais. A única coisa necessária para aceder ao sistema é um computador ligado à Internet, no caso da interface Web, e um telemóvel, no caso da interface/sistema SMS.

1.7 O âmbito de aplicação

Este estudo limitar-se-á a desenvolver um sistema distribuído baseado na Web que terá uma interface para a recolha de dados médicos dos pacientes e uma base de dados para armazenar os dados. O sistema será integrado numa plataforma móvel para interações de serviços de mensagens curtas. O governo e outras instituições (ONG) terão mais facilidade em acompanhar a evolução e a eficácia dos cuidados prestados aos doentes. O sistema ajudará a reduzir a duplicação de dados dos doentes em várias instituições. O sistema melhorará a qualidade dos cuidados e reduzirá a perda de acompanhamento dos doentes com doenças crónicas no Quénia.

1.8 Resultados e significado da investigação

O sistema irá contribuir em grande medida para garantir que as instituições que lidam com doenças crónicas tenham uma forma fácil e conveniente de acompanhar os seus pacientes e monitorizar a sua medicação com o mínimo ou nenhuma perda de dados. As doenças crónicas, incluindo mas não se limitando à diabetes, são um problema em rápido crescimento na África Subsariana. Na área geográfica da AMPATH, na zona ocidental do Quénia, estima-se que já existam 60 000 pessoas com diabetes, e espera-se que esse número duplique nas próximas duas décadas. Infelizmente, à medida que a ameaça de morte prematura e de incapacidade devido a doenças crónicas como a diabetes cresce na África Subsariana, é evidente que países como o Quénia não dispõem de quase nada para enfrentar este desafio (Ampath, 2010)

1.8.1 O objetivo social

As pessoas mais beneficiadas são as afectadas pelo VIH/SIDA e por outras doenças crónicas como a tuberculose. O impacto social será medido por estas pessoas e/ou pelo governo, que reconhecem a importância do sistema. O sistema tem um maior potencial de ser adotado pelas instituições de saúde no Quénia devido ao seu imenso valor. Para além do VIH/SIDA e da tuberculose, o sistema também pode ser utilizado para acompanhar os doentes com malária, febre tifoide e outras doenças. Se for bem sucedido, o sistema pode ser alargado a outros países africanos em zonas com poucos recursos.

1.9 Desafios e limitações

A conceção de sistemas distribuídos é obviamente um desafio. Como é que o fazemos quando não nos é permitido assumir nada e existem tantas complexidades? Começamos por limitar o âmbito. Concentrar-nos-emos numa conceção de sistemas distribuídos que utiliza um modelo cliente-servidor com protocolos maioritariamente normalizados. Acontece que estes protocolos padrão fornecem uma ajuda considerável com os detalhes de baixo nível das comunicações de rede fiáveis, o que facilitará o nosso trabalho.

1.10 Aplicação na sociedade

Um problema médico ou de saúde crónico é aquele que esteve (ou tem capacidade para estar) presente durante um período de seis meses ou mais. Estas doenças incluem, entre outras, asma, cancro, doenças cardiovasculares, diabetes, doenças músculo-esqueléticas e acidente vascular cerebral. Não existe uma lista de doenças elegíveis. No entanto, os doentes afectados necessitam de uma abordagem estruturada, incluindo a exigência de cuidados contínuos por parte de uma equipa multidisciplinar (Autrarian Department of Heath, 2014). Os principais utilizadores do sistema serão as instituições públicas e privadas que prestam cuidados médicos a doentes com doenças crónicas ou terminais (VIH/SIDA, cancro, etc.). Incluem-se hospitais públicos e privados, clínicas e centros de saúde. As principais instituições de ONG cujo mandato é a luta contra a SIDA também acharão o sistema útil. Essas instituições incluem a Cruz Vermelha do Quénia, as Nações Unidas, a Organização Mundial de Saúde e o Banco Mundial. As taxas de notificação no sistema de informação sanitária são elevadas, apesar dos desafios da exatidão e da exaustividade. Este projeto permitirá ao Governo do Quénia e às partes interessadas afiliadas aceder a informações de saúde completas e precisas para programas centrados na comunidade (Freeman e Hughes, setembro de 2013). O ponto de venda único (USP) aqui é que o sistema armazenará dados de todas as instituições de saúde numa base de dados central, facilitando assim saber quando um paciente muda de serviços de uma instituição para outra.

1.11 Modelo concetual do sistema distribuído de cuidados de saúde proposto

Será instalado um gateway SMS que utilizará SMS em massa para enviar SMS automáticos para os telemóveis dos doentes para os lembrar da sua próxima visita ao hospital ou para os lembrar de tomar os seus medicamentos.

Os pacientes poderão também registar e acompanhar, através de SMS, o seu historial médico: os medicamentos que tomaram, os médicos que visitaram e a sua evolução em termos de utilização de medicamentos. Os pacientes também receberão, através de SMS, dicas de vida saudável e informações sobre como gerir eficazmente as suas doenças.

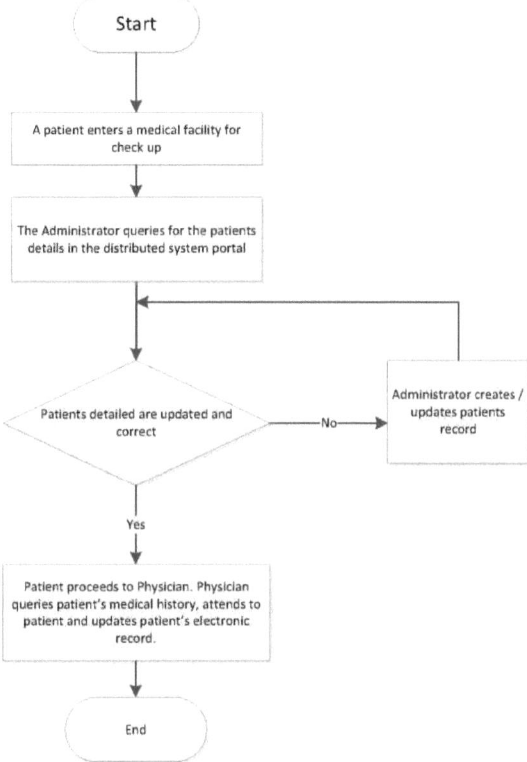

Figura 1: Fluxograma do sistema

Este documento de relatório de projeto está organizado da seguinte forma: O Capítulo 2 resume a revisão da literatura, o Capítulo 3 destaca a metodologia de investigação, o Capítulo 4 centra-se na conceção e implementação do sistema, o Capítulo 5 resume os resultados e discussões da investigação e o Capítulo 5 concentra-se nas conclusões e recomendações.

CAPÍTULO 2

REVISÃO DA LITERATURA

A necessidade de plataformas partilhadas integradas no sector da saúde nas economias emergentes não pode ser exagerada. A energia obtida através da colaboração e da comunicação sem limites é enorme. Isto não só sublinha o facto de que não devemos concentrar-nos apenas em factores limitadores como o custo e as complexidades envolvidas, mas também canalizar recursos para a criação de sistemas distribuídos que adoptem e respondam aos desafios únicos enfrentados pelos doentes que podem ter de se deslocar de uma localização geográfica para outra devido a restrições de recursos, entre outros factores. Ao contrário de outros sectores da economia, por exemplo o sector bancário, onde as associações estão a utilizar sistemas de informação integrados para reduzir a fraude através da partilha de informações sobre os clientes, não existem esforços semelhantes para unificar o segmento da saúde. Outro elemento em falta no cenário local da saúde é a falta de cooperação na partilha de informações entre profissionais de saúde e profissionais de saúde (Omete, maio de 2017).

Construir sistemas informáticos fiáveis que funcionem em redes de comunicação não fiáveis parece ser um objetivo difícil. Somos forçados a lidar com a incerteza. Um processo conhece o seu próprio estado e sabe em que estado se encontravam outros processos há um momento atrás. Os processos não têm nenhuma técnica para saber o estado atual uns dos outros. Falta-lhes o equivalente a memória partilhada e formas precisas de detetar falhas, ou de distinguir uma falha local de software/hardware de uma falha de comunicação. A conceção de sistemas distribuídos é obviamente um trabalho difícil. Como é que o fazemos quando não nos é permitido assumir nada, e com tantas complexidades? Começaremos por limitar o âmbito. Concentrar-nos-emos num tipo particular de conceção de sistemas distribuídos, que utiliza um modelo cliente-servidor com protocolos maioritariamente normalizados. Acontece que estes protocolos normalizados fornecem uma ajuda considerável com os detalhes de baixo nível das comunicações de rede fiáveis, o que facilita o nosso trabalho.

As organizações de saúde têm interesse no processamento distribuído de dados com base numa integração sólida e fiável de activos de informação que incluem bases de dados fisicamente distribuídas. Os sistemas e aplicações Web evoluíram ao longo do tempo e tornaram-se poderosos meios de computação que fornecem entidades funcionais, para além das necessidades únicas emergentes na sua integração com bases de dados comerciais e outras aplicações comunitárias (Saini, abril de 2015).

Os tempos estão a mudar rapidamente e existe uma necessidade razoável de ligar locais remotos utilizando tecnologias sem fios, especialmente a Internet em aparelhos telefónicos portáteis. No final do século XIX e no início do século XX, os benefícios para a saúde aproveitaram os enormes avanços realizados na área dos sistemas telefónicos analógicos. Os doentes podiam telefonar ao médico sempre que necessitassem através desta tecnologia avançada.

Os centros médicos utilizaram esta inovação enviando electrocardiogramas através do telefone. Esta vantagem específica tinha as desvantagens de uma largura de banda inadequada, baixas taxas de transferência de dados através de cabos de cobre, interferências e numerosos ruídos que impediam a expansão destas técnicas específicas. Consequentemente, a informatização, juntamente com a digitalização e as redes informáticas, mudaram o paradigma da telemedicina para uma era totalmente nova, ligando médicos e doentes através de ferramentas electrónicas. As instalações de cuidados de saúde estão espalhadas por todas as regiões, com a perceção de que os métodos de comunicação atualmente utilizados podem não ser necessariamente os melhores e possuem limitações. Existe a perceção de que os ambientes de cuidados médicos em áreas remotas não são adequados em todas as facetas e que os especialistas em cuidados de saúde estão mais empenhados na recolha e preparação dos relatórios necessários do que na consulta dos clientes, que é a sua principal responsabilidade.

O envolvimento dos profissionais de saúde na administração dificulta-lhes a prestação de melhores serviços de saúde. A Internet distribuída ou as arquitecturas baseadas na Web devem ser implementadas para organizações deste tipo. Consequentemente, cada centro de saúde será tratado como um ponto de cliente e, assim, podemos construir sistemas de informação distribuídos bem concebidos para estes ambientes. Estes modelos específicos serão valiosos através de pontos de cliente melhorados e de fácil utilização, móveis e autocomputadores com uma máquina servidora num ambiente bem ligado em rede. A telemedicina desempenha um papel importante no sistema de saúde atual. Os benefícios da telemedicina, especialmente na prestação de melhores cuidados médicos em áreas remotas, não podem ser subestimados. Verifica-se uma redução significativa dos custos globais e uma melhoria da qualidade dos cuidados médicos.

2.1 Sistemas distribuídos

Este tipo de sistemas é constituído por vários sistemas informáticos independentes que transmitem mensagens através de uma rede informática. Os computadores trabalham em conjunto propositadamente para executar uma tarefa conjunta através de um programa distribuído ou de uma aplicação distribuída. Neste tipo específico de sistemas, o processamento da informação é distribuído por vários sistemas informáticos, em vez de estar limitado a um único computador. Estes sistemas permitem processar grandes quantidades de dados num espaço de tempo limitado e são altamente disponíveis devido à redundância dos dados armazenados na infraestrutura.

2.2 Sistemas informáticos tradicionais contra sistemas distribuídos

As bases de dados tradicionais estavam orientadas para a centralização, o que deu origem a bases de dados intrinsecamente complexas. Os armazenamentos de dados eram de um único utilizador ou de vários utilizadores, com a computação exclusivamente centralizada no servidor. No mundo atual, as necessidades dos utilizadores são ilimitadas e não se baseiam numa única localização geográfica, mas os utilizadores preferem ter acesso a informação descentralizada e actualizada regularmente. Os sistemas tradicionais permitiam aos utilizadores apenas ler a informação. Este facto impunha limitações às redes instaladas em zonas remotas devido à incapacidade de computação do cliente final.

2.1.1 Sistemas informáticos tradicionais

Os sistemas de gestão de bases de dados e a gestão de bases de dados relacionais constituíam soluções tradicionalmente disponíveis. Trata-se basicamente de sistemas centralizados que não têm capacidade para executar aplicações Web para funções de processamento de transacções em linha. Consequentemente, estes sistemas não podem utilizar conjuntamente recursos a nível mundial para a comunicação médica. As limitações associadas ao sistema tradicional incluem o facto de ser muito dispendioso em termos de hardware e a dificuldade inerente à partilha de informações. Outras limitações incluem a necessidade de licenciamento isolado, o que não é económico, e as operações de leitura só são permitidas a partir de nós ou terminais clientes.

Estes sistemas de dois níveis são representados no bloco como mostra o diagrama da figura 2 abaixo.

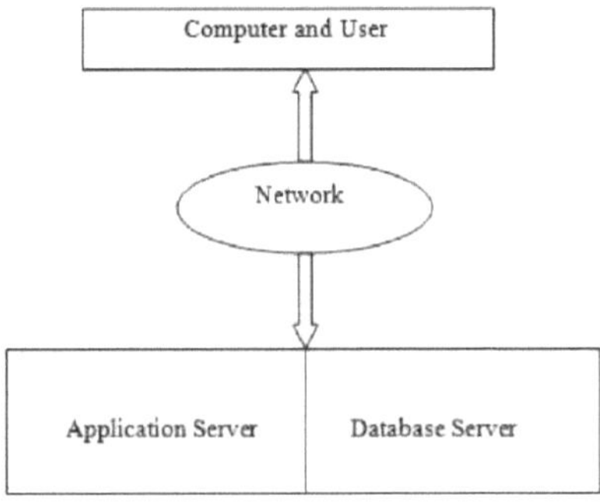

Figura 2: Arquitetura de dois níveis

14

2.1.2 Sistemas distribuídos

Os sistemas distribuídos, que são aplicações baseadas na Web, são suportados pela Internet. Estes sistemas partilham recursos não só a nível local, mas também a uma escala global. No mundo moderno, a Internet é uma tecnologia em rápido desenvolvimento e é essencial para efeitos de operações de transferência de dados. A arquitetura cliente-servidor de um sistema de computação distribuída é a apresentada na figura 3.

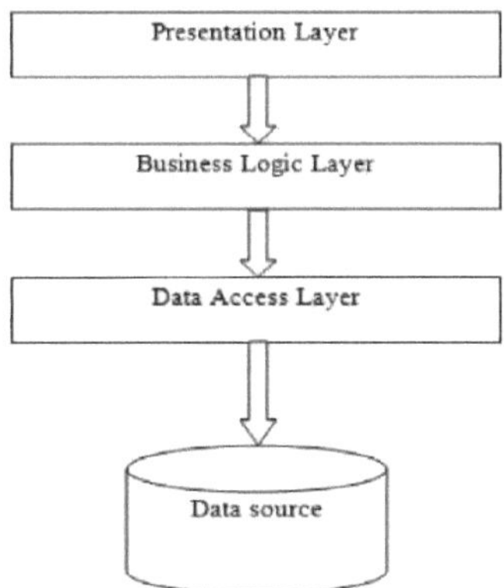

Figura 3: Arquitetura cliente-servidor: Arquitetura de três níveis

Quando comparados com os sistemas de informação computacionais tradicionais, os sistemas distribuídos têm um melhor desempenho em termos de processamento simultâneo e de disponibilidade dos sistemas. Por conseguinte, os sistemas distribuídos poderiam desempenhar um papel importante ou vital no sector dos cuidados de saúde.

Algumas limitações do sistema distribuído incluem, mas não se limitam a, desafios de segurança, complexidade do sistema, o elemento de imprevisibilidade e desafios de gestão. Quando ponderados os pontos fortes destes sistemas e com base na sua aplicação no sector dos cuidados de saúde, os méritos superam os deméritos.

2.1.3 Arquitecturas de sistemas distribuídos

Um sistema distribuído típico adopta um dos seguintes tipos de conceção:
1) Arquitetura ponto a ponto

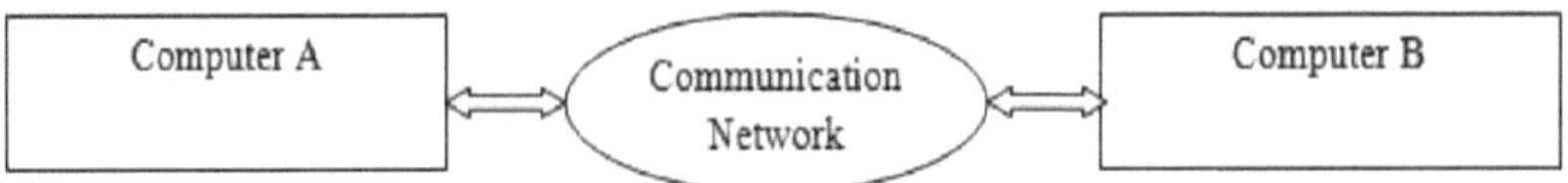

Figura 4: Arquitetura ponto a ponto

2) Arquitetura cliente-servidor

Trata-se de uma arquitetura de computação com dois tipos de computadores: O cliente (pode pedir ou enviar) e o servidor (recebe os pedidos) que utilizam técnicas normais de comunicação de dados ou de passagem de mensagens.

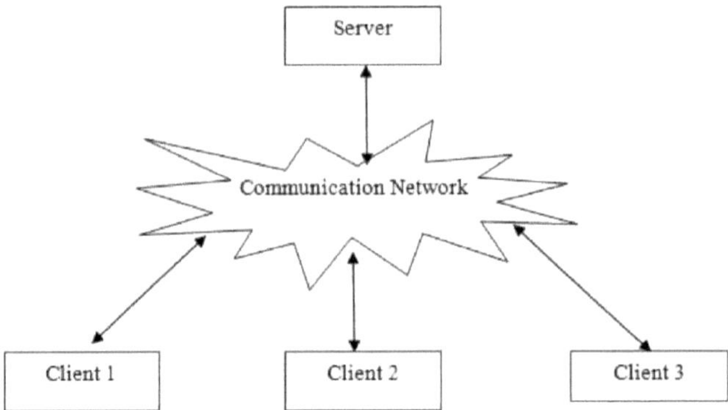

Figura 5: Arquitetura cliente-servidor

2.2 Informação sobre saúde e tecnologia de sistemas distribuídos

A informação sobre cuidados de saúde e a tecnologia associada oferecem o quadro geral para descrever a gestão abrangente da informação sobre saúde através de sistemas informatizados e o seu intercâmbio seguro entre os prestadores de cuidados de saúde, o governo através das suas entidades de garantia da qualidade, as seguradoras e os consumidores de serviços de saúde. A informação e a tecnologia da saúde são, em geral, cada vez mais consideradas como o instrumento mais promissor para o sucesso da qualidade, eficiência e segurança globais do sistema de prestação de cuidados de saúde (Chaudhry et al., 2006). A utilização agressiva e coerente da tecnologia da informação no domínio da saúde através de sistemas distribuídos

i. Melhorar a qualidade dos serviços de saúde através da colaboração.
ii. Prevenir erros médicos evitáveis.

iii.   Reduzir os custos desnecessários dos cuidados de saúde.

iv.   Melhorar a eficiência administrativa.

v.   Minimizar a burocracia.

vi.   Alargar o acesso a cuidados de saúde a preços acessíveis

2.3 Sistema de saúde

Um sistema de informação sobre cuidados de saúde é um conjunto de utilizadores, juntamente com os recursos e instituições necessários, que prestam serviços médicos que satisfazem adequadamente as necessidades de saúde da população em questão. A evolução e os avanços contemporâneos da ciência médica e da engenharia, bem como das tecnologias da informação e das comunicações, têm sido potenciados pelo crescimento exponencial da tecnologia da Internet.

A tecnologia Web, através de sistemas distribuídos, proporciona uma plataforma de informação sobre saúde eficaz, eficiente e melhorada no que diz respeito aos pacientes, especialmente os que sofrem de doenças crónicas e aos seus problemas médicos e de saúde. Os cuidados de saúde através de interações presenciais entre os especialistas de saúde e os seus pacientes ou mesmo entre os próprios médicos são não só essenciais como igualmente vitais. Sempre que seja praticamente impossível realizar essas reuniões, as ferramentas ou modelos de imitação desempenham um papel fundamental na recolha de informações importantes para melhorar os métodos de tratamento, os regimes e os cuidados.

São assegurados todos os meios de comunicação entre os utilizadores do sistema, os especialistas em cuidados de saúde e os doentes através de dispositivos electrónicos ou mesmo através de sistemas partilhados que ligam áreas remotas. As considerações de conceção da interoperabilidade nos sistemas de saúde permitem que dois, três ou mais componentes e aplicações do sistema partilhem informações críticas. Atualmente, existe obviamente um grande desafio tecnológico no que diz respeito à interoperabilidade entre sistemas e aplicações fornecidos por diferentes criadores de sistemas por parte dos intervenientes no sector da saúde. Cada unidade hospitalar ou departamento hospitalar pode optar por utilizar uma série de aplicações para partilhar informações administrativas vitais e relacionadas com os doentes entre aplicações heterogéneas. No que diz respeito aos especialistas em cuidados de saúde, isto melhora consideravelmente o acesso a dados registados relacionados com a saúde e a informações importantes sobre cuidados de saúde, a qualquer momento e em qualquer lugar. Por outro lado, a qualidade do serviço de cuidados de saúde prestado é melhorada através de uma melhor partilha de dados e de informações, associada à qualidade do fluxo de dados e ao acesso à informação dos doentes por parte dos especialistas e dos profissionais de saúde. Consequentemente, a recolha de dados será muito melhorada. Isto melhorará diretamente a análise estatística e económica através da disponibilidade dos dados dos doentes e de outros dados médicos relevantes que serão úteis na investigação médica.

Os sistemas de informação e de dados de saúde distribuídos ou de dados de doentes distribuídos são essenciais para o tratamento de dados e registos de doentes distribuídos geograficamente. Cada registo de saúde do doente tem uma arquitetura distribuída e cada sistema informático cliente terá uma base de dados residente ou um armazenamento de dados. Na conceção de bases de dados distribuídas, os dados e as informações não serão armazenados completamente numa localização geográfica física, mas sim espalhados por uma rede informática de elevado desempenho através de associações e ligações de comunicação fiáveis. Assim, acabamos por ter uma enorme base de dados cuja capacidade é fiável e prontamente disponível, além de ser inerentemente flexível. O mérito mais importante desta arquitetura é que uma base de dados inerentemente distribuída não só permite uma execução mais rápida das consultas locais, como também minimiza o tráfego na rede, mantendo assim o seu desempenho.

Os importantes processos de cuidados de saúde, associados à aplicação de sistemas distribuídos, têm um enorme potencial para transformar os cuidados de saúde administrados aos doentes, especialmente aos que sofrem de doenças crónicas. Os actuais serviços e operações de saúde são inadequados, uma vez que não dispõem de serviços de comunicação entre si. Por outro lado, os procedimentos utilizados para registar dados em muitas unidades de saúde são ineficazes. Os sistemas manuais de recolha e armazenamento de dados utilizados não só são imprecisos, como também consomem muito tempo e espaço e, por vezes, têm implicações de custos enormes. O facto de não disporem de um sistema informático decente, juntamente com a falta de dados actuais e de informações completas e recentes, constitui um impulso adequado para a necessidade de um sistema de comunicação moderno e melhor que reduza o desperdício de recursos vitais, como o tempo, e que seja também rentável. Num esforço para minimizar estes inconvenientes, temos de construir um sistema de informação distribuído que funcione com base numa tecnologia de rede e que seja orientado por uma tecnologia baseada na Web ou na Internet. A conceção de sistemas de informação distribuídos fiáveis e de qualidade depende inteiramente das tecnologias de rede e é, sem dúvida, a melhor solução tecnológica sob a forma de ferramentas informáticas que têm capacidade para tratar diferentes questões de consulta (Saini, abril de 2015). Uma vez que os registos médicos sejam adoptados de forma significativa, os dados e informações dos doentes serão captados eletronicamente em qualquer ambiente de prestação de serviços de saúde. O único objetivo é aumentar o intercâmbio de informações sobre cuidados de saúde e, eventualmente, manter uma rede nacional de informação sobre saúde, cujo único objetivo é fornecer uma plataforma de informação sobre saúde segura e interoperável que permita a todas as partes interessadas, incluindo, entre outras, especialistas, instalações médicas, agências estatais e outras redes relevantes, partilhar digitalmente informações sobre cuidados de saúde (Cline, 2012).

2.4 Principais caraterísticas e vantagens de um sistema distribuído

Um equívoco comum entre as pessoas e, por vezes, até mesmo entre os intervenientes no sector da saúde quando se discutem sistemas distribuídos é a ideia de que se trata apenas de outro nome para uma rede informática. Esta ideia é gravemente errónea, pois não tem em conta uma distinção importante. Um sistema distribuído é basicamente construído em cima de uma rede e tenta esconder a existência de vários computadores autónomos. Cria-se a impressão de uma entidade única que fornece aos utilizadores todos os serviços necessários. No centro deste processo está uma rede que é um meio para interligar entidades (como computadores, meios de comunicação e dispositivos), permitindo a troca de mensagens com base em protocolos bem conhecidos entre estas entidades, que são explicitamente endereçáveis através de endereços IP. Os sistemas de armazenamento distribuído, como o NFS (Network File System), proporcionam aos utilizadores uma visão unificada dos dados armazenados em diferentes sistemas de ficheiros e computadores que podem estar na mesma rede ou em redes informáticas diferentes.

As principais caraterísticas de um sistema distribuído incluem a separação funcional. Com base na funcionalidade/serviços prestados, na capacidade e no objetivo de cada entidade do sistema. Em segundo lugar, a distribuição inerente, em que entidades como a informação, as pessoas e os sistemas estão inerentemente distribuídas. Por exemplo, diferentes informações são criadas e mantidas por diferentes pessoas. Esta informação pode ser gerada, mantida ou armazenada, analisada e utilizada por diferentes sistemas ou aplicações que podem ou não ter conhecimento da existência de outras entidades no sistema. Outra caraterística é a fiabilidade da preservação e da cópia de segurança dos dados a longo prazo sob a forma de replicação em diferentes localizações geográficas. Os sistemas distribuídos são também altamente escaláveis. Isto facilita a adição de mais recursos para aumentar o desempenho ou a disponibilidade. A economia é também outro dos principais atractivos dos sistemas distribuídos, uma vez que estes criam um ambiente propício à partilha de recursos por muitas entidades ou utilizadores, reduzindo assim significativamente o custo global das operações e do capital.

Devido a estas caraterísticas inerentes, as várias entidades num ambiente de sistema distribuído podem funcionar autonomamente e em simultâneo. As tarefas de computação são realizadas de forma independente e as acções são coordenadas em fases definidas através do intercâmbio de mensagens. Além disso, as entidades são heterogéneas e as falhas são independentes. Em geral, não existe um único processo ou entidade que tenha conhecimento de todo o estado do sistema como um todo.

2.5 Serviço Web

Ao longo dos anos, tecnologias informáticas como a DCOM e a CORBA forneceram os meios para construir sistemas distribuídos baseados em componentes. Estas tecnologias permitem que os sistemas interoperem a nível de componentes através do fornecimento de uma camada de software e de um conjunto de protocolos que oferecem a interoperabilidade necessária para que os componentes construídos em diferentes linguagens de programação e ambientes troquem mensagens. Infelizmente, estas tecnologias apresentam desafios de escalabilidade quando aplicadas especialmente à Internet e algumas restringem os programadores a linguagens de programação específicas. Consequentemente, foram sugeridas abordagens baseadas em protocolos Web e XML (eXtensible Markup Language) para permitir sistemas distribuídos interoperáveis, independentemente da linguagem de programação em que são construídos.

Os serviços Web baseiam-se essencialmente em XML e proporcionam um meio viável para o desenvolvimento de sistemas distribuídos que aderem a uma arquitetura orientada para os serviços. Os serviços são descritos num dialeto baseado em XML (WSDL). Do mesmo modo, as mensagens de pedido e resposta partilhadas nesses sistemas distribuídos são estruturadas de acordo com os princípios do Protocolo Simples de Acesso a Objectos (SOAP). Estas mensagens do protocolo de acesso a objectos simples podem ser codificadas e transmitidas utilizando protocolos Web, como o protocolo de transferência de hipertexto. Plataformas de aplicação como a .NET da Microsoft e a J2EE da Sun, juntamente com várias tecnologias industriais, têm como objetivo apoiar o desenvolvimento de aplicações baseadas em serviços Web para tirar partido do rápido crescimento da Internet.

2.6 Sistemas distribuídos nos cuidados de saúde

À medida que os principais intervenientes nos cuidados de saúde se esforçam por tratar e gerir doentes com doenças terminais e/ou crónicas, a barreira da partilha dos dados médicos históricos dos doentes constitui o maior desafio. Em circunstâncias extremas, acabam por ser receitados aos doentes medicamentos que já não conseguiram tratar eficazmente as doenças noutras instalações médicas e, como tal, os doentes acabam por tomar medicamentos que não têm qualquer valor. "Embora estas doenças crónicas sejam relativamente fáceis de controlar e gerir, os resultados em termos de saúde são graves e mesmo fatais se não forem prestados cuidados consistentes, longitudinais e de alto nível." [Bridging Income Generation provision of Incentives for Care -Kenya, 2013]

O peso mundial das doenças crónicas, incluindo a diabetes e a hipertensão, continua a aumentar. São necessários novos modelos de cuidados médicos culturalmente contextualizados para dar resposta às exigências únicas desta epidemia de doenças crónicas, especialmente em contextos de baixo e médio rendimento. "É fundamental abordar esta epidemia de doenças crónicas com um modelo de cuidados sustentável e longitudinal que seja simultaneamente culturalmente contextualizado e financeiramente sustentável (Allotey , et al., 2011). Os problemas com as actuais estratégias de implementação dos cuidados de saúde para as doenças crónicas vão desde a fraca assiduidade às consultas, a fraca continuidade dos cuidados de saúde e as falhas na comunicação entre o doente e o prestador. O sistema de saúde ideal deve ser contextualizado para a população que serve. Este projeto irá modelar os cuidados de saúde que aproveitam a força da comunidade e a colaboração através da partilha de informação como uma força motivadora sustentável primária na prestação de cuidados de saúde a doentes com doenças crónicas.

A utilização das tecnologias da informação e da comunicação para fins de promoção da saúde pública está a ser praticada nos países do terceiro mundo em desenvolvimento. Tendo em conta que o número de assinaturas de telemóveis ou de banda larga mais do que duplicou entre 2011 e 2013 (de 472 milhões para 1,16 mil milhões de assinantes) nas economias emergentes (ITU, 2013), existe um enorme potencial para a utilização de telemóveis para procurar informações relacionadas com a saúde. Podem ser desenvolvidas aplicações móveis adequadas para permitir a pesquisa personalizada de informações sobre saúde por parte dos doentes sempre que adoecem ou, de um modo geral, para procurar informações sobre várias formas de se manterem saudáveis. A Internet continua a desempenhar um papel fundamental na promoção da saúde pública. Uma das funções mais comuns da Internet enquanto recurso é o facto de fornecer uma grande variedade de informações relacionadas com a saúde através da utilização de diferentes sítios Web (Griffiths, et al., 2009). Este facto pode ser muito benéfico para os cidadãos dos países em desenvolvimento, que podem identificar os dados e as informações mais recentes sobre doenças, tratamentos e melhores práticas no domínio dos cuidados de saúde e da medicina em geral.

2.7 Segurança das informações e dos sistemas de saúde em linha

Várias definições do termo "saúde em linha" foram apresentadas por diferentes autoridades no domínio da medicina. Para efeitos do presente estudo de investigação, considera-se que a saúde em linha é a utilização rentável e segura das tecnologias da informação e das comunicações para apoiar a saúde e os domínios relacionados com a saúde, incluindo os serviços de cuidados de saúde, a vigilância da saúde, a literatura sobre saúde e a educação, o conhecimento e a investigação no domínio da saúde (Organização Mundial de Saúde, 2010). A saúde em linha abrange amplamente o desenvolvimento e a utilização de uma vasta gama de sistemas e tecnologias TIC para os cuidados de saúde, como a gestão de registos de saúde electrónicos, a telemedicina, os sistemas de informação sobre saúde, os dispositivos móveis, as ferramentas de aprendizagem eletrónica e os sistemas de informação de apoio à decisão. O valor da saúde em linha reside na sua capacidade inerente de ajudar a reduzir os custos nos cuidados de saúde ou no sector médico, prestando simultaneamente melhores cuidados numa abordagem centrada no cidadão (Currie & Finnegan, 2009). A segurança dos sistemas e dos dados neste projeto será abordada utilizando uma autenticação adequada (nome de utilizador e palavra-passe) e a encriptação da base de dados para proteger os dados dos doentes contra o acesso não autorizado.

Com base em contribuições documentadas no passado sobre sistemas de informação no domínio dos cuidados de saúde, é evidente que o aproveitamento dos pontos fortes dos sistemas distribuídos é útil para desenvolver soluções que permitam partilhar informações de forma eficiente e eficaz. Infelizmente, esses sistemas não existem no Quénia, o que resulta num acompanhamento deficiente e na perda de doentes. Existe obviamente uma enorme necessidade de partilhar dados médicos entre os vários intervenientes no sector da saúde, especialmente quando se trata de pacientes que sofrem de doenças crónicas. Um sistema de informação de saúde distribuído com base na Web, devido aos seus pontos fortes, é sem dúvida uma solução viável para a gestão de doentes com doenças crónicas.

CAPÍTULO 3

METODOLOGIA DE INVESTIGAÇÃO

3.1 Conceção da investigação

Foi utilizada uma abordagem de investigação-ação para levar a cabo a investigação com o objetivo de contribuir para o conhecimento e resolver problemas do mundo real. Estes foram alcançados através do desenvolvimento de um sistema de informação de saúde distribuído baseado na Web como uma solução viável para a partilha de dados médicos relacionados com pacientes com doenças crónicas. Este projeto de investigação foi conduzido em duas fases, nomeadamente: recolha de dados através da revisão da literatura e desenvolvimento de sistemas. O método de investigação será fundamental para atingir os objectivos enumerados (na secção 1.3) acima.

A preferência pela abordagem de investigação-ação baseou-se no facto de esta ajudar a atingir os objectivos da investigação. É também adequada para o projeto, uma vez que procura determinar a aplicabilidade da solução proposta, o que significa que a prática informa a investigação e a investigação informa a prática, o que resulta numa sinergia complementar, tal como descrito por Avision et al (1999).

Os pontos fortes e fracos dos sistemas de informação foram demonstrados através desta abordagem. Enquanto os pontos fortes que dominam os pontos fracos significam adoção, o contrário implica a necessidade de mais investigação para desenvolver melhores soluções.

3.1.1 Porquê a investigação-ação

A capacidade da abordagem para consolidar a teoria e a prática através da mudança e da reflexão numa situação problemática imediata dentro de um quadro ético mutuamente aceitável torna-a uma escolha preferida para esta investigação, tal como explicado por Avision et al (1999). Este sistema, implementado com recurso a novas técnicas, é apresentado como a mudança com o objetivo de resolver o problema dos dados médicos dos pacientes isolados pelos actuais sistemas de informação autónomos num ambiente partilhado e distribuído, após o que se reflecte sobre os seus pontos fortes e fracos.

A investigação-ação é um processo que consiste em uma ou mais iterações que envolvem investigadores e profissionais que trabalham em conjunto para diagnosticar o problema, intervir com uma ação e realizar uma aprendizagem reflexiva sobre o mesmo, tal como descrito por Avision et al

(1999). McKay e Marshall (2001) descrevem um investigador de ação como tendo dois objectivos que levam a que a abordagem da investigação-ação tenha dois ciclos que se sobrepõem um ao outro. Tal como ilustrado nos diagramas abaixo, o primeiro ciclo diz respeito aos interesses e responsabilidades do investigador relacionados com o objetivo de resolução de problemas do investigador, enquanto o segundo ciclo diz respeito ao objetivo de resolução de problemas do investigador (McKay e Marshall, 2001). O diagrama abaixo representa os interesses do investigador.

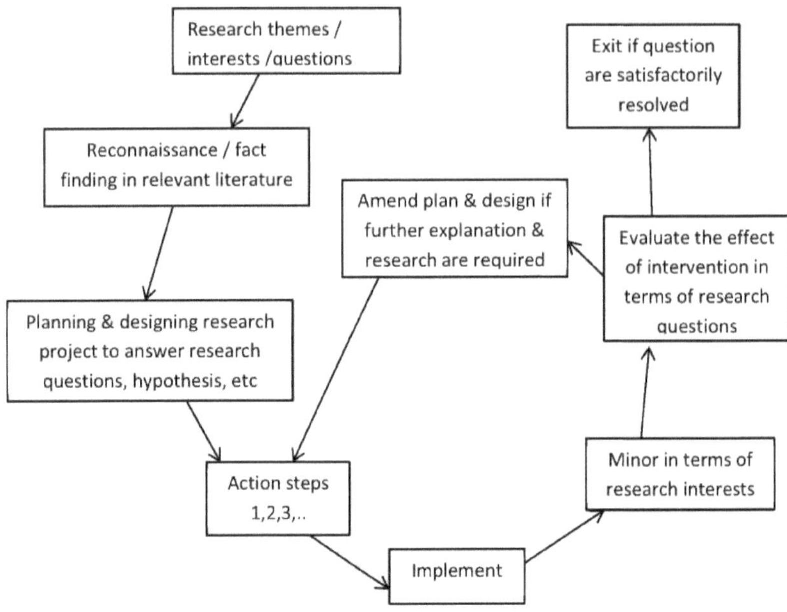

Figura 6: "O interesse da investigação na investigação-ação" (McKay e Marshall, 2001:p.50)

A partir do diagrama acima, o investigador tem alguns interesses e questões de investigação, que são seguidos de uma pesquisa de factos na literatura relevante, após o que o planeamento e a conceção do projeto de investigação são alinhados com os interesses. O principal interesse deste projeto é avaliar o impacto da utilização de sistemas de saúde distribuídos na gestão de doentes com doenças crónicas. A iteração que se segue procura então resolver adequadamente as questões de investigação. O ciclo de nove etapas que se segue (sendo uma delas uma iteração para acomodar qualquer mudança adicional desejada) representa uma técnica de resolução de problemas, como um dos objectivos de um investigador de ação.

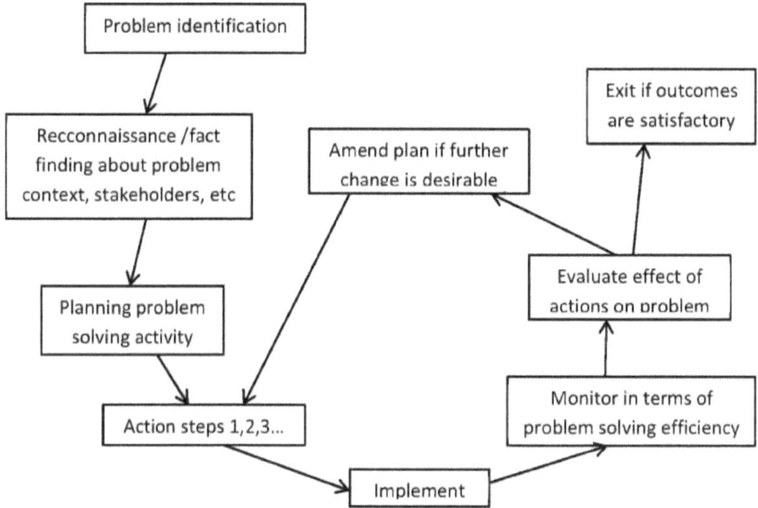

Figura 7: "O interesse da resolução de problemas na investigação-ação" (Mckay e MArshall, 2001: p51)

O diagrama seguinte mostra os interesses e responsabilidades de investigação de um investigador de ação ao lado do interesse pela resolução de problemas. O processo de ciclo duplo implica iterações de resolução de problemas combinadas com interesses de investigação com o objetivo de ajudar o investigador a contribuir para o conhecimento e para a sociedade.

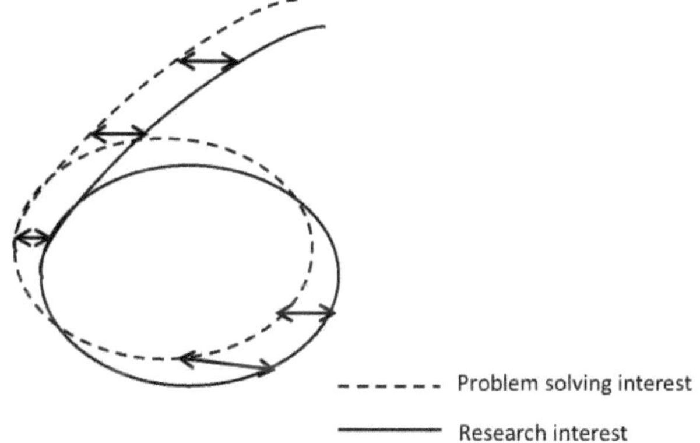

Figura 8: "A investigação-ação vista como um processo de ciclo duplo" (Mckay e MArshall, 2001: p.52)

3.1.2 Estratégia

Os diagramas de investigação-ação que se seguem ilustram dois objectivos com um ciclo comum. O ciclo tem cinco fases distintas: diagnosticar, planear a ação, agir, avaliar e especificar a aprendizagem.

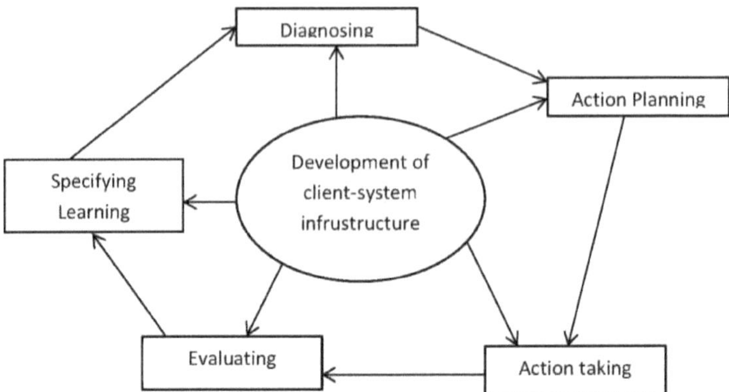

Figura 9: 'Representações do ciclo de investigação-ação' (McKay e Marshall, 2001: p.49)

A partir da figura acima, é claro que o desenvolvimento de uma infraestrutura de sistema envolve um investigador de ação que satisfaz os requisitos de um cliente através das 5 fases.

Figura 10: 'Representações do ciclo de investigação-ação' (McKay e Marshall, 2001: p.49)

O diagrama acima demonstra que o ciclo comum de um investigador de ação envolve um período de diagnóstico e uma fase terapêutica, que envolve a introdução de uma ação como terapia para a resolução de problemas. O problema principal que exige a mudança é identificado na fase de diagnóstico. Segue-se a fase de planeamento da ação, em que são reveladas as acções destinadas a criar um estado desejado, que é melhor do que o estado problemático atual. Após esta fase, segue-se a fase de tomada de ação, que envolve a implementação colaborativa, por parte dos investigadores e dos profissionais, das acções planeadas para produzir mudanças que se espera que tenham algum efeito (Baskerville 1997, citado em Baskerville 1999, p.15).

Segue-se a avaliação dos resultados, em que são analisados os efeitos da ação empreendida. Se o efeito for positivo, deve ser cuidadosamente analisado antes de se chegar à conclusão de que a ação, que introduziu a mudança, foi a sua causa exclusiva. Se for negativo, deve ser estabelecido um novo quadro para a próxima iteração no ciclo de investigação-ação. Segue-se a atividade de aprendizagem especificativa, após a conclusão da avaliação, em que o sucesso ou o fracasso do quadro é objeto de análise e crítica que contribui para a base de conhecimentos que os investigadores podem utilizar em investigações futuras (Baskerville 1997, citado em Baskerville, p.15).

É feita uma reflexão sobre a situação-problema que interessa ao investigador e que pode ser resolvida através de um determinado método prático, sobre a investigação-ação como método de investigação, sobre a situação-problema em que a organização está interessada e sobre o método de resolução de problemas práticos, ou seja, a aprendizagem experimental ou a aprendizagem pela prática (McKay e Marshall, 2001).

Tendo em conta o que precede, através da colaboração no diagnóstico, foi estabelecido que existem prestadores de cuidados médicos isolados que estão geograficamente separados e que mantêm nas suas instalações dados associados a doentes com doenças crónicas. Se estes dados fossem partilhados entre os vários prestadores de cuidados médicos, poderiam ajudar a colmatar as lacunas, especialmente nos casos em que os doentes, voluntariamente ou em virtude de circunstâncias inevitáveis (por exemplo, transferências de trabalho, etc.), tivessem de mudar de centro de prestação de cuidados médicos.

Para tal, foi apresentado um sistema distribuído baseado na Web, assente numa estrutura concetual que procura obter a acessibilidade e a disponibilidade do historial médico do doente num ambiente distribuído, como uma ação para produzir a mudança que se espera que tenha efeito. Este efeito foi analisado durante a fase de avaliação para ajudar a determinar o êxito ou o fracasso da estrutura que serve de base ao sistema. Além disso, como demonstrado no Capítulo 4, foi feita uma reflexão sobre a integridade, a segurança e a acessibilidade do historial clínico do doente num ambiente distribuído baseado na Web, sobre o método de investigação utilizado e sobre o método prático de resolução de problemas utilizado. A constatação da providência do método de investigação e do enquadramento serve então de base para o próximo enquadramento a utilizar pelos investigadores e profissionais em futuros esforços de resolução de problemas e de investigação.

3.1.3 Abordagem filosófica

A investigação-ação é normalmente levada a cabo com um pressuposto ontológico teórico crítico. No entanto, esta investigação baseia-se numa metodologia pragmatista que é uma combinação de abordagens positivistas, construtivistas e críticas. Enquanto para um positivista existe a preocupação de comparar o estado antes e depois da conclusão da ação, para um construtivista existe a preocupação com o tipo de opiniões e percepções que os participantes têm em relação ao processo de mudança (Easterbrook et al. 2008). O ponto de vista de um teórico crítico pressupõe que existe um problema real que precisa de ser resolvido, que a solução adoptada é desejável e que a ênfase é colocada nas lições aprendidas que, por sua vez, ajudarão os investigadores subsequentes que desejem aventurar-se no mesmo domínio (Easterbrook et al. 2008).

3.1.4 Limitações da metodologia

A investigação-ação tem três ameaças comuns, nomeadamente a incontrolabilidade, a contingência e a subjetividade (Kock, 2004). A primeira refere-se a um cenário em que o investigador tem um controlo incompleto sobre o ambiente de investigação (Kock, 2004). Tal como vision et al. (2001) citado em Kock (2004, p.268) descreve, raramente uma organização cederá autoridade completa a um investigador externo. Isto deve-se em parte ao facto de um investigador de ação ter dois objectivos, tal como explicado anteriormente.

Um investigador de ação também enfrenta a ameaça da contingência, que é a dificuldade de generalizar os resultados da investigação em contextos diferentes daquele em que os resultados foram descobertos (Kock, 2004). Isto pode ser atribuído ao facto de os diferentes constructos serem normalmente utilizados pelos investigadores de ação de forma dinâmica, com base na natureza do problema e nos resultados do ciclo de investigação. A ameaça da subjetividade baseia-se no pressuposto de que o envolvimento pessoal de um investigador de ação é suscetível de o persuadir a interpretar os resultados de uma forma que pode levar a conclusões incorrectas (Kock, 2004). É inerente que o envolvimento pessoal profundo de um investigador de ação

tem o potencial de enviesar os resultados, uma vez que é impossível para o investigador estar numa posição de distanciamento e, ao mesmo tempo, introduzir uma intervenção positiva (Kock, 2004)

3.1.5 Soluções para as ameaças à validade

A utilização de unidades de análise, a teoria fundamentada e as iterações foram implementadas como estratégias para contrariar as ameaças acima indicadas. As unidades de análise são as entidades cujas reacções ou comportamentos são sondados para ajudar na generalização. Quanto maior for a análise de várias instâncias destas unidades em diferentes contextos, maior será a validade externa (Kock, 2004).

A teoria fundamentada é especificamente utilizada para trabalhar contra a ameaça da subjetividade, empregando um processo de codificação que promove a análise objetiva dos dados, além de garantir que diferentes codificadores produzirão os mesmos resultados (Kock, 2004). O processo de codificação envolve a identificação de variáveis, ligações entre as variáveis e variáveis dependentes às quais estão associados determinados efeitos (Kock, 2004). As variáveis identificadas incluem a eficiência do sistema, o impacto do sistema, a disponibilidade do sistema, entre outras. Isto dá aos investigadores tempo suficiente para apresentar os factos que servem de base a modelos e teorias.

As iterações são normalmente utilizadas para recolher dados cumulativos sobre unidades de análise em diferentes contextos, podendo assim desenvolver provas recolhidas em diferentes iterações no ciclo de investigação-ação (Kock, 2004). No caso de ocorrerem desafios, fora do controlo do investigador, e que afectem a recolha e a análise de dados, o investigador tem sempre a opção de passar por outra iteração, neutralizando assim a ameaça de incontrolabilidade (Kock, 2004).

Além disso, as iterações ajudam a alargar o âmbito da investigação com o objetivo de melhorar a generalidade e a validade externa através da identificação de padrões invariáveis, contrariando assim a ameaça da contingência (Kock, 2004). Esta foi uma abordagem adequada para limitar a presença de preconceitos, uma vez que permite iterações até que os objectivos da investigação sejam atingidos. O aspeto da incontrolabilidade foi contrariado pela interrupção do ciclo de investigação caso ocorresse algo que estivesse fora do nosso controlo.

Os imprevistos foram resolvidos prevendo, desde o início, pequenas unidades de análise. As unidades de análise importantes ou estreitamente relacionadas com as anteriores foram identificadas e examinadas no decurso do processo de investigação. O sistema, os utilizadores do sistema e o enquadramento são exemplos destas unidades. A subjetividade foi encontrada através da existência de variáveis e do estabelecimento da relação entre elas. Estas incluíam a eficiência do sistema, a disponibilidade, o impacto, a usabilidade e a perceção dos utilizadores relativamente ao novo sistema e à qualidade do serviço. A expetativa era que, se o quadro fosse aplicado com êxito, afectaria positivamente a eficiência, a disponibilidade, o impacto e a usabilidade do sistema, bem como a perceção dos utilizadores relativamente ao novo sistema e à qualidade do serviço. A probabilidade de introdução de enviesamentos foi minimizada através da utilização destas variáveis.

3.1.6 Instrumentos, procedimentos, recolha e análise de dados.

Neste projeto, colaborámos com 15 médicos de três estabelecimentos diferentes no sector dos cuidados de saúde, o que constitui uma amostra adequada do grande conjunto de prestadores de cuidados de saúde em vários estabelecimentos médicos no Quénia. Com base no planeamento da ação, a análise dos requisitos foi realizada através da criação de protótipos e de entrevistas abertas, enquanto a tomada de medidas envolveu a utilização de protótipos continuamente desenvolvidos e modificados à medida que as opiniões e observações eram recebidas dos utilizadores do sistema. Além disso, foram efectuados testes integrados do sistema para garantir que este produzia os resultados desejados. O protótipo completo foi submetido a testes de utilização adequados e foi recolhido feedback qualitativo e quantitativo. Foi evidente que o sistema tornou conveniente o desenvolvimento, a atualização e a partilha de informações relativas aos doentes entre várias unidades de saúde.

No que diz respeito à avaliação, o feedback foi analisado com o objetivo de determinar o efeito que o quadro e o sistema tiveram na facilidade com que os prestadores de cuidados de saúde puderam aceder ao historial médico dos doentes, actuando o sistema como um instrumento de investigação. Isto foi conseguido através de observações participativas e entrevistas aos utilizadores.

Os dados primários foram interrogados para gerar factos adicionais úteis sobre o assunto. As entrevistas, as observações participativas, o arquivo de dados e a criação de uma quase-experiência constituíram a nossa principal fonte de dados e métodos de recolha de dados para o desenvolvimento de dados quantitativos e qualitativos. Além disso, a análise dos dados foi efectuada através da análise estatística com a ajuda do Microsoft Excel e da codificação dos dados textuais recolhidos através das entrevistas. A abordagem de análise qualitativa e qualitativa foi utilizada de forma complementar para melhorar a validade da investigação.

A adequação destes métodos de recolha e análise de dados foi sublinhada pela dimensão da amostra e pela sua capacidade de contrariar as ameaças à validade da investigação. Também se adaptam bem à abordagem de investigação-ação, que permite o desenvolvimento de soluções práticas que resolvem o mundo real utilizando princípios, ferramentas e técnicas de desenvolvimento de software. Como se descreve mais adiante no capítulo 4, durante a fase de especificação da aprendizagem, reflectiu-se cuidadosamente sobre os resultados da avaliação, tendo-se antecipado um efeito positivo dos sistemas distribuídos baseados na Web na gestão de doentes com doenças crónicas e na aplicabilidade da investigação. Esperava-se que este resultado servisse de facto como uma contribuição para o conhecimento e uma base para o quadro subsequente a utilizar no futuro na procura de melhores soluções através da investigação. Esperava-se que o sistema melhorasse a qualidade dos cuidados de saúde prestados aos doentes com doenças crónicas, o que conduziria a um crescimento económico global.

Os desafios, as recomendações e as conclusões foram documentados no Capítulo 5 para facilitar a investigação futura. Com vista a contribuir para a utilização da computação distribuída nos cuidados de saúde e da computação distribuída em geral, foram também documentadas as técnicas e os métodos utilizados no desenvolvimento do sistema para atingir os objectivos do projeto de investigação.

3.2 Quadro teórico

Como se pode ver na figura abaixo, o modelo mostra que a qualidade dos cuidados de saúde prestados aos doentes, especialmente aos que sofrem de doenças crónicas, é afetada pela acessibilidade dos dados médicos anteriores, pela usabilidade do sistema, pela disponibilidade do sistema, pela eficiência do sistema e pela perceção do utilizador. Por conseguinte, indicou que a qualidade dos cuidados de saúde enquanto serviço é afetada pela distribuição e acessibilidade dos dados médicos anteriores do doente. Este facto ficou patente nas informações recolhidas nas entrevistas

Independent variables	Intervening variables	Dependent variables
Data Accessibility, and Distribution	System's availability	Quality of healthcare
	System's usability	
	System's efficiency	
	Users' perception	

Quadro 1.3: Modelo teórico

3.3 Quadro concetual

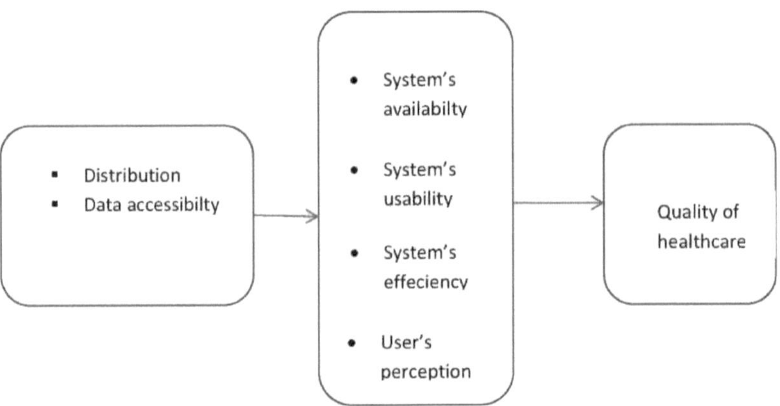

O projeto conseguiu atingir os seus objectivos no âmbito do quadro concetual acima apresentado. Foi evidente que a utilização de sistemas distribuídos na gestão de doentes com doenças crónicas - devido à sua capacidade de facilitar o acesso ao historial médico dos doentes afectados - melhorou a qualidade geral dos cuidados de saúde.

CAPÍTULO 4

CONCEPÇÃO E IMPLEMENTAÇÃO DO SISTEMA

Neste capítulo, serão explicadas a conceção e a implementação de alto nível do sistema. Na primeira secção, explicamos os requisitos do sistema e os componentes que têm uma influência mais direta no sistema. Em seguida, descrevemos as ferramentas, bibliotecas e pacotes que utilizámos para construir esta aplicação.

4.1 Requisitos de conceção do sistema

4.1.1 Requisitos funcionais do sistema

a) O sistema deve permitir a criação de uma cópia própria de cada hospital, incluindo a base de dados

b) O sistema deve permitir que os médicos iniciem sessão

c) O sistema deve permitir o registo dos doentes

d) O sistema deve permitir a introdução de receitas médicas dos doentes

e) O sistema deve permitir a partilha de dados com a base de dados principal

f) O sistema deve permitir o envio de SMS aos doentes

g) O sistema deve permitir o envio de códigos de confirmação por SMS

4.1.2 Requisitos não funcionais

a) Os sistemas devem ser eficientes

b) A análise e a apresentação dos resultados devem ser rápidas

c) O sistema deve ser fiável e estar sempre disponível

4.1.3 Requisitos de hardware e software

a) Sistema operativo do servidor para a base de dados principal (de preferência Linux)

b) Bases de dados para os sistemas mestre e de nós (de preferência MySQL)

c) Chaves SSL para ativar a segurança HTTP

d) Servidor Apache

e) Ambiente PHP

4.2 Análise do sistema

Nesta fase, é feita uma descrição do sistema atual e do sistema proposto, no âmbito do planeamento e da tomada de medidas.

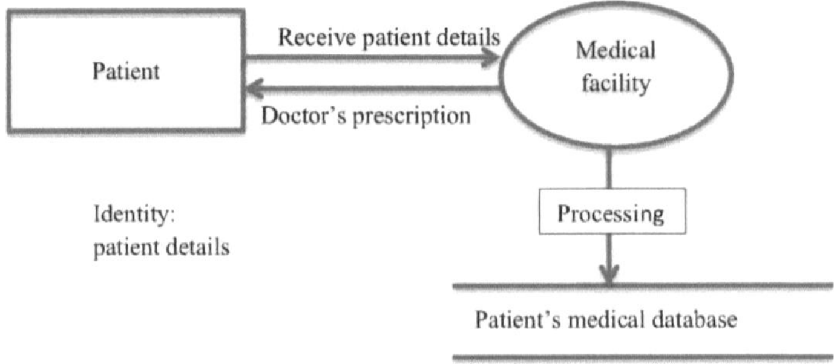

Figura 32: O DFD do sistema atual

O diagrama de fluxo de dados acima ilustra o fluxo de documentos (aspeto físico do DFD) e o fluxo de dados (aspeto lógico do DFD) para os actuais sistemas isolados de informação sobre cuidados de saúde e em torno deles. O doente visita um estabelecimento de saúde, apresenta a sua identificação para se registar e é submetido a vários exames médicos, após o que é emitida uma receita para a recolha de medicamentos para tratamento, enquanto o seu registo médico é mantido numa base de dados local.

4.2.2 Description of the proposed system.

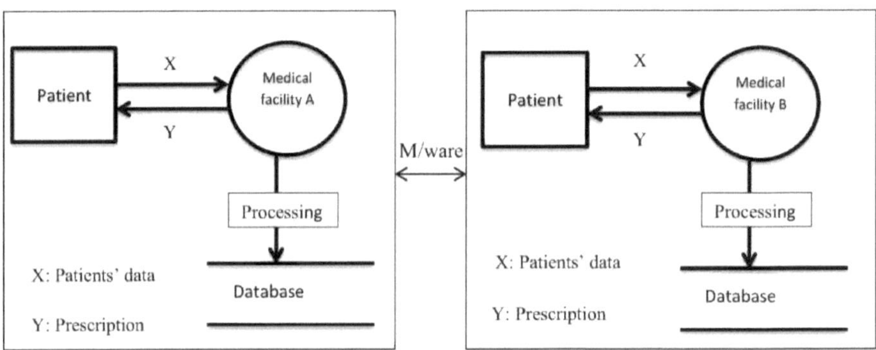

Figura 13: DFD do sistema proposto

O diagrama de fluxo de dados acima descreve o fluxo de documentos (aspectos físicos do DFD) e o fluxo de dados (aspeto lógico do DFD) no ambiente de um sistema distribuído baseado na Web. O paciente visita um centro médico e identifica-se fornecendo um documento de identificação. O médico utiliza os dados para determinar se o doente está registado no sistema partilhado.

Se o doente estiver registado, o médico percorre o historial médico do doente à procura de qualquer informação útil. Se o doente não estiver registado, o médico vai em frente e procura a partir de instalações de pares, um processo que é autenticado através da introdução de um sms enviado para o telemóvel do doente. O médico examina então o historial médico do doente à procura de informações que possam ser úteis para o seu tratamento.

4.2.1   Requisitos funcionais.

O protótipo de sistema distribuído proposto deve satisfazer vários requisitos funcionais como parte da tomada de medidas, como se mostra a seguir.

a) O sistema deve permitir a criação de uma cópia própria de cada hospital, incluindo a base de dados

b) O sistema deve permitir que os médicos iniciem sessão.

c) O sistema deve permitir o registo dos doentes.

d) O sistema deve permitir a introdução de receitas médicas dos doentes.

e) O sistema deve permitir a partilha de dados com a base de dados principal.

f) O sistema deve permitir o envio de SMS aos doentes.

g) O sistema deve permitir o envio de códigos de confirmação por SMS.

4.2.2   Requisitos não funcionais

a) Os sistemas devem ser eficientes.

b) A análise e a apresentação dos resultados devem ser rápidas.

c) O sistema deve ser fiável e estar sempre disponível.

4.3   Conceção dos sistemas

Esta secção descreve em pormenor a arquitetura do sistema e a conceção da base de dados distribuída no âmbito da tomada de medidas e da execução de acções. A conceção da base de dados do sistema distribuído proposto é ilustrada a seguir. Uma simulação de três instalações médicas que consiste em bases de dados locais e dados partilhados através de sincronização é ilustrada a seguir.

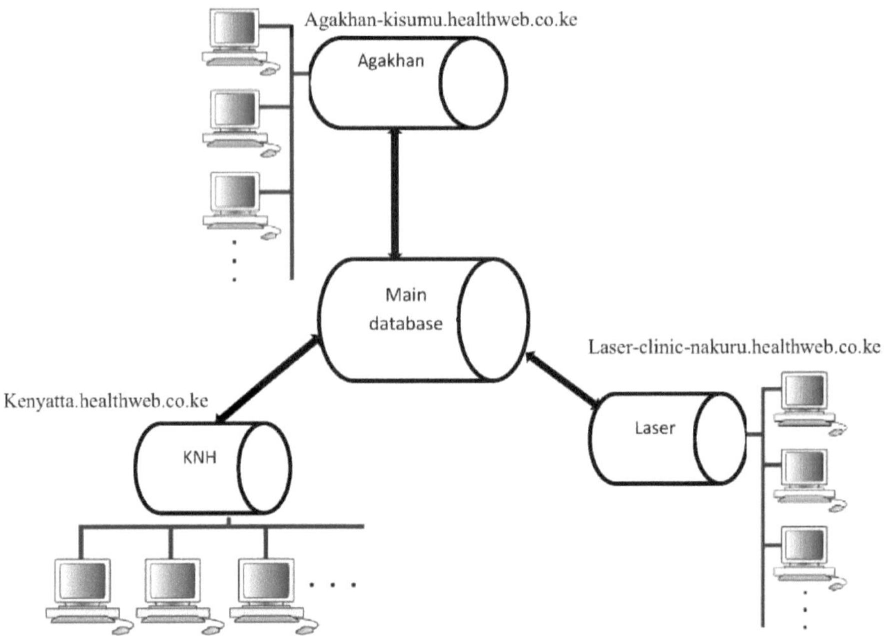

Figura 14: A conceção do sistema distribuído proposto

4.3.1 Arquitetura dos sistemas

Muitas organizações abandonaram as bases de dados centralizadas em favor das modernas bases de dados distribuídas (em que a base de dados, como o próprio nome indica, está distribuída por uma série de servidores em várias localizações geográficas) e por uma série de razões. Uma base de dados distribuída é um conjunto de bases de dados armazenadas em vários computadores que aparece às aplicações do sistema como uma única base de dados. Atualmente, a distribuição é importante por várias razões.

a. *Fiabilidade*: Construir uma infraestrutura de sistema é sinónimo de investimento, diversificando os investimentos para reduzir as possibilidades de perda. Se ocorrer uma falha numa área da distribuição, a base de dados inteira não sofrerá um revés total.

b. *Segurança*: Podem ser dadas permissões a secções da base de dados. Isto oferece uma melhor proteção interna e externa.

c. *Rentável*: Os custos de largura de banda da rede baixam significativamente, uma vez que os utilizadores acedem aos dados remotos com menos frequência.

d. *Acesso local*: Tal como em (a) acima, em caso de falha na rede informática geral, o utilizador continua a poder aceder à sua parte do sistema de base de dados.

e. *Crescimento*: No caso de ser acrescentada uma nova localização à sua empresa, será simples criar nó(s) adicional(ais) no sistema de base de dados, tornando a distribuição altamente escalável.

f. *Eficiência dos recursos*: A maior parte dos pedidos e outras actividades com a base de dados são realizados a nível local, diminuindo assim o tráfego remoto.

g. *Responsabilidade e contenção*: Considerando que quaisquer falhas e/ou avarias ocorrem localmente, o problema está contido e pode ser tratado pelo pessoal de TI designado para lidar com esse departamento ou secção da empresa.

O diagrama seguinte ilustra uma arquitetura de sistemas de gestão de bases de dados distribuídas com uma base de dados distribuída. Uma base de dados distribuída é um conjunto de bases de dados múltiplas, mas logicamente inter-relacionadas, distribuídas por uma rede informática. Os dados são fisicamente distribuídos e essencialmente armazenados em vários computadores numa infraestrutura em rede. O middleware comunica com os nós distribuídos através de serviços Web cuja implementação se efectua ao nível dos pares e do middleware.

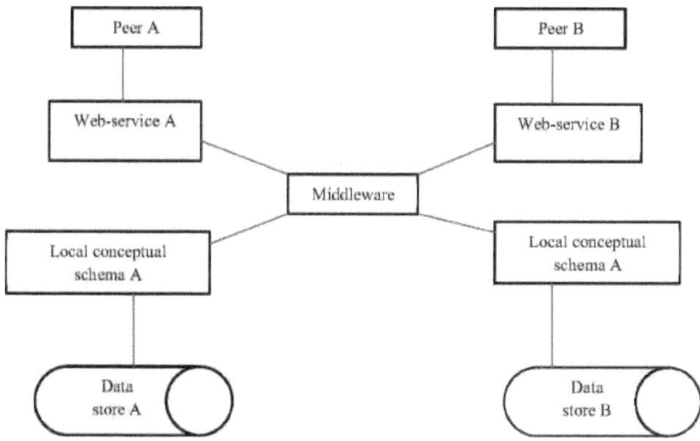

Figura 15: Arquitetura do sistema distribuído

O esquema concetual global descreve a estrutura lógica de todos os sítios e é uma combinação de todos os esquemas conceptuais locais. O esquema local é importante porque ajuda a lidar com a fragmentação e a replicação de dados. Estes esquemas fornecem a localização, a replicação e as transparências na infraestrutura de rede. Isto permite que os utilizadores consultem os dados sem se preocuparem com a sua localização e independentemente do componente/esquema/base de dados local que os vai servir.

4.3.2 Conceção de bases de dados distribuídas

A conceção de bases de dados distribuídas refere-se ao seguinte problema: tendo em conta uma base de dados e a sua carga de trabalho, como é que a base de dados deve ser dividida e atribuída a sítios para otimizar uma determinada função objetivo (por exemplo, minimizar o consumo de recursos no processamento da carga de trabalho da consulta). Há duas questões, nomeadamente a fragmentação dos dados, que determina como os dados devem ser fragmentados, e a atribuição dos dados, que determina como os fragmentos devem ser atribuídos. Embora estes dois problemas estejam inter-relacionados, as duas questões têm sido tradicionalmente estudadas de forma independente, dando origem a uma abordagem em duas fases do problema da conceção. O problema da conceção é aplicável quando um sistema de bases de dados distribuídas tem de ser construído de raiz. No caso da integração de várias bases de dados existentes (por exemplo, num contexto de bases de dados múltiplas), não há problema de conceção.

Os dados em bases de dados distribuídas estão normalmente espalhados pelos nós. Parte destes dados é fragmentada e replicada em sítios distribuídos, especialmente os dados que são frequentemente solicitados, para reduzir o tempo necessário para aceder a esses dados. Os dados são fragmentados com o objetivo de evitar redundâncias desnecessárias. A replicação só ocorre quando é necessária. Com transparência, os utilizadores poderão aceder aos dados sem se preocuparem com detalhes sobre a sua localização, fragmentação e replicação. A maioria dos dados considerados importantes e frequentemente acedidos são replicados para eliminar pontos únicos de falha. Esta estratégia útil é utilizada para além de quaisquer procedimentos de recuperação e cópia de segurança existentes.

4.4 Implementação do sistema

Nesta secção, são destacados os pormenores da implementação do sistema, com uma ênfase especial nas tarefas realizadas para o implementar. O sistema foi implementado em três partes: frontend ou parte de apresentação, backend e parte API.

4.4.1 Implementação do Front End

Foram utilizadas as bibliotecas HTML 5 e JavaScript no desenvolvimento e implementação do front end do protótipo.

4.4.2 Lógica da aplicação

Para o backend, foi utilizada a linguagem PHP através da estrutura Laravel. Esta fornece o acesso a várias lógicas, ligações a bases de dados e implementação da API.

4.4.3 Módulo de backend

A base de dados MySQL foi utilizada para implementar objectos de backend, que incluem tabelas, relações, restrições e sequências.

4.5 Lógica comercial do sistema

4.5.1 Introdução

O sistema é instalado em cada centro médico e é feita uma ligação à base de dados principal para sincronizar os dados. A base de dados principal armazena todos os dados, mas um sistema de nó deve solicitar autorização de um paciente para aceder a dados que pertencem a outro nó. Os seguintes casos de utilização e arquitecturas demonstram como o sistema principal e os seus sistemas de nós interagem.

4.5.2 Caso de utilização do médico

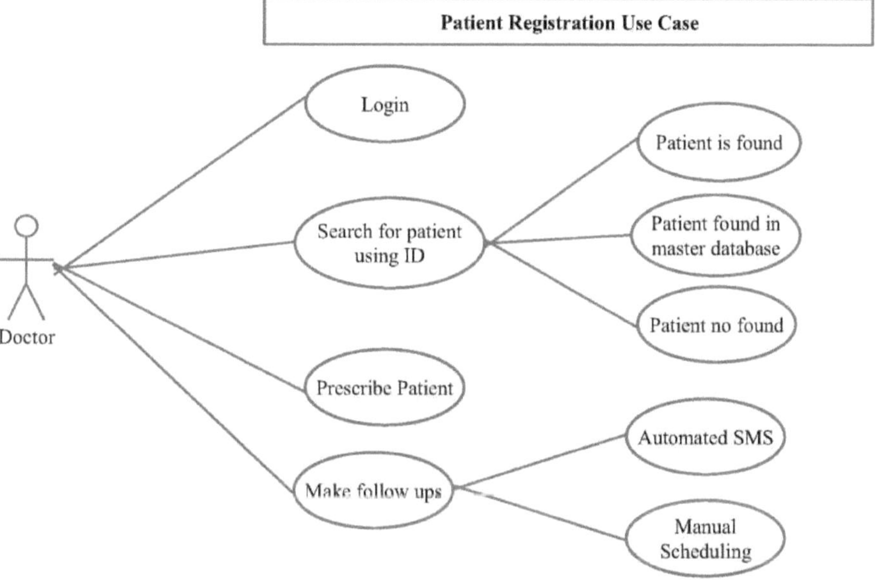

Figura 46: Caso de utilização do médico

O médico inicia sessão no sistema e apresenta os nomes para pesquisa. Se o doente não for encontrado, o médico pode avançar e registar o doente.

Se o médico apresentar a identificação do doente, como o número do BI ou o número do passaporte, e o doente não for encontrado na base de dados local, o sistema, através da API, alarga a pesquisa à base de dados principal. Se o doente for encontrado na base de dados principal, é apresentado um aviso ao médico perguntando-lhe se está autorizado a iniciar o processo de partilha de dados. Se o médico continuar, é enviado um código de autorização para o telemóvel do doente. O doente pode então introduzir o código no prompt para concluir o processo de partilha e sincronização de dados.

Quando o código coincide, os dados do doente são sincronizados e disponibilizados ao sistema do nó atual. Se o doente não tiver telefone ou estiver num estado em que não possa comunicar, o médico pode invocar o sistema para enviar o código de autorização a uma terceira pessoa que o doente tenha apresentado como parente mais próximo

4.5.3 Caso de utilização do doente

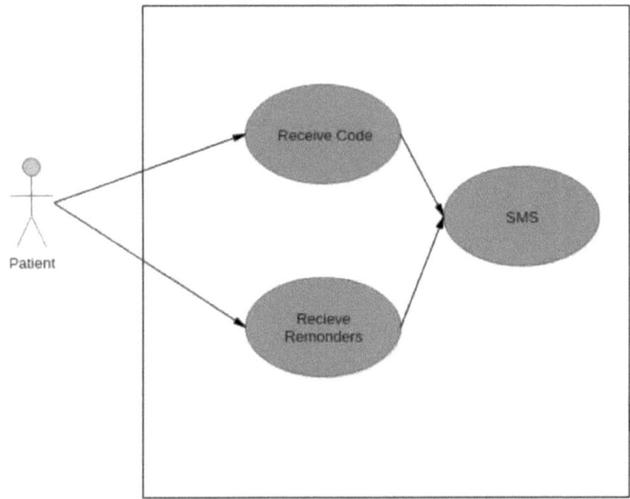

Figura 5: Caso de utilização do doente

O doente recebe o código de autorização e fornece-o ao médico. O médico utilizará então o código para introduzir no sistema e facilitar a sincronização dos dados. O doente também recebe notificações por SMS, quer para lembrar uma consulta, quer para lembrar que deve tomar a medicação a uma determinada hora.

4.5.4 Fluxo do sistema

Os dois casos de utilização acima referidos podem ser simplificados num fluxo arquitetónico, como mostra o diagrama abaixo.

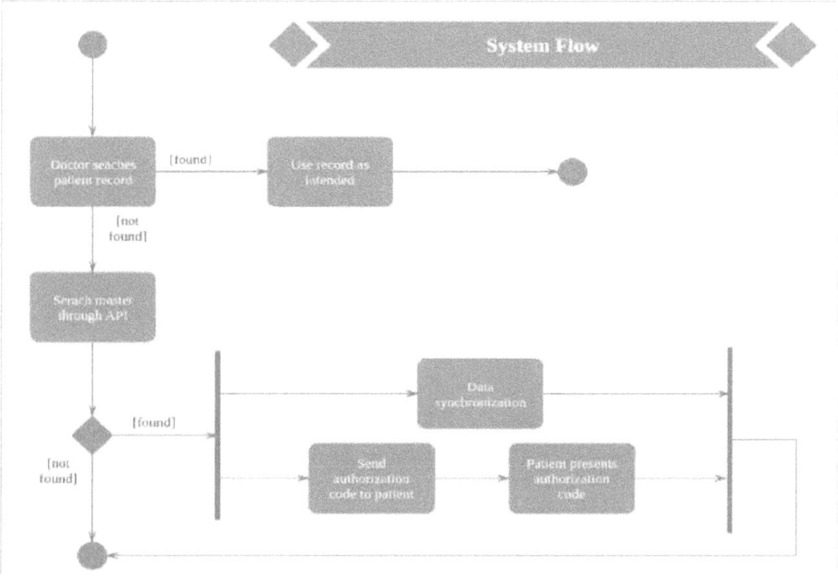

Figura 6: Fluxograma do sistema

A interface acima foi implementada utilizando PHP. Depois de preencher todos os campos necessários, o médico clica em registar. É necessária uma ligação à Internet para implementar o protótipo. A representação do código pode ser encontrada na secção de apêndices.

4.5.5 Pseudocódigo

O pseudocódigo para pesquisar um doente no sistema é apresentado em seguida;

PROGRAM SearchPatient:

    introduzir o nome do doente na barra de pesquisa

    IF(o doente é encontrado na base de dados local)

      Exibir os dados do paciente

    ELSE IF(o doente é encontrado na base de dados principal)

      EXECUTE AuthorizeData:

    ELSE

      Criar o registo do paciente na base de dados local

FIM

PROGRAM AuthorizeData:
        IF(O doente tem telefone)

                Enviar código de autorização por SMS
                Ler o código de autorização no sistema

                EXECUTE ProcessAuthorization:

        ELSE IF(O doente está com o parente mais próximo)
                Enviar o código de autorização para o telemóvel do familiar por SMS
                Ler o código de autorização no sistema

                EXECUTE processAuthorization:
        ELSE
                Código de pedido a ser gerado pelo hospital que detém os dados do doente PND
PROGRAMA ProcessoAutorização

        Se (o código corresponde)
                Sincronizar dados da base de dados principal
                Apresentar dados sincronizados
        ELSE
                Repetir novamente o processo de autorização
FIM

4.6 Integridade e concordância dos dados

A base de dados principal mantém a integridade dos dados em todos os nós. Isto significa que, se os dados de um doente aparecerem em dois ou mais sistemas de nós, a base de dados principal faz a sincronização e actualiza os dados em falta em vez de criar um novo registo. Neste caso, a identificação do doente é utilizada como um identificador único em todos os sistemas de nós.

O sistema também utiliza um algoritmo de UUID (Universally Unique IDentifier) para gerar chaves primárias para os registos. Os UUIDs asseguram que cada sistema de nó gera uma chave primária única para cada registo, de modo a que, quando os dados são sincronizados com a base de dados principal, não causem problemas de integridade das chaves.

4.6.1 Configuração do sistema

-   Configurar o servidor Ubuntu & Instalar e configurar o servidor Apache

-   Instalar o servidor MySQL

-   Instalação do PHP no servidor Ubuntu

-   Configurar anfitriões virtuais no servidor Ubuntu

-   Instalar os códigos do sistema utilizando o GIT e executar a migração

CAPÍTULO 5

RESULTADOS E DISCUSSÃO

5.1 Recolha de dados

Foi efectuada uma avaliação do desempenho do protótipo através de uma quase-experiência e os resultados da sua utilização foram recolhidos para análise, a fim de determinar o seu contributo para a qualidade dos serviços de saúde. Foram utilizados dados arquivados e métodos de observação participativa para complementar a experiência na recolha de dados. A avaliação antes e depois da introdução da ação foi realizada através da recolha de dados pré-teste e pós-teste.

5.1.1 Recolha de dados do pré-teste

Foram utilizados métodos de entrevista e de arquivo de dados para recolher dados quantitativos e qualitativos. Verificou-se que não foi possível aceder a 16 dos 45 pacientes atendidos num mês com doenças crónicas, pelo que os médicos tiveram de confiar inteiramente nas informações que os pacientes podiam fornecer. Os registos arquivados revelaram que, na maioria dos casos, a tendência era semelhante nos meses anteriores.

Day	No. of patients with chronic ailments	Previous medical exists	Medical record accessible	Medical record NOT accessible
1	11	8	5	3
2	7	5	2	3
3	8	3	2	1
4	14	10	7	3
5	5	5	5	0
6	7	6	2	4
7	10	7	3	4
8	15	11	8	3
9	9	7	5	2
10	12	9	6	3

Tabela 1.1: Dados da amostra do pré-teste

A partir dos dados acima, o intervalo de doentes cujos dados médicos existem mas não puderam ser acedidos é de 4, enquanto a mediana é de 3. A partir da tabela acima, foi elaborado um gráfico de barras utilizando os dados relativos aos

cujos dados médicos anteriores existem e comparados com aqueles cujos registos médicos anteriores existem mas não puderam ser encontrados.

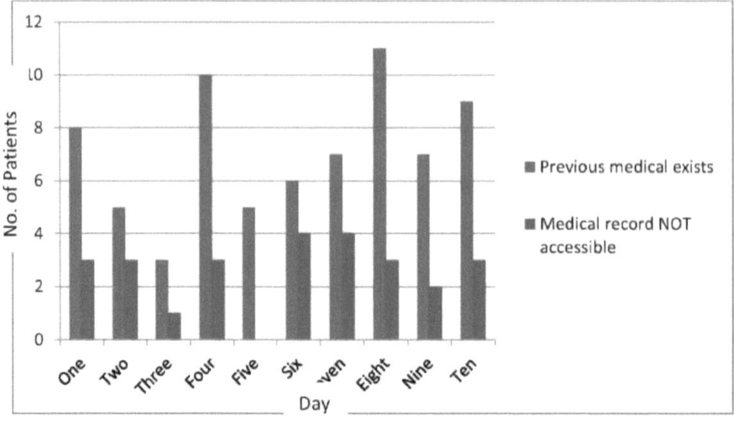

Figura 19: Distribuição do pré-teste

As perguntas que foram feitas durante a entrevista encontram-se nos anexos. Eis algumas delas.

- "Por favor, explique os desafios enfrentados na gestão de doentes com doenças crónicas, enumere-os?"

- "Quais são algumas das principais razões que causam os desafios acima referidos?"

- "Qual é a sua opinião sobre os desafios que mencionou?"

- "Com que frequência ocorrem os desafios e explique como lida com a situação sempre que ela acontece?"

- "Como é que os doentes reagem quando o acesso ao seu historial médico anterior não é acessível e, por vezes, são receitados medicamentos que já falharam anteriormente?"

As perguntas foram respondidas da seguinte forma:

- "Os doentes necessitam de um acompanhamento constante que, por vezes, não é possível. Por vezes, perdemos o rasto dos nossos doentes e, por isso, perdemos o seguimento. Outro problema importante é a falta de dados médicos anteriores, especialmente se tiverem sido tratados noutras instalações"

44

- "A perda de acompanhamento deve-se principalmente ao facto de alguns doentes acabarem por mudar de estabelecimento de saúde. Não conseguimos aceder aos dados médicos anteriores devido ao facto de alguns dos nossos doentes poderem ter sido tratados anteriormente em estabelecimentos a cujos dados não conseguimos aceder"

- "Seria melhor se houvesse um instrumento que ajudasse as instituições que lidam com estes doentes a aceder e a partilhar os dados médicos dos doentes"

- "Muitas vezes, estes casos ocorrem quase diariamente. Normalmente, sempre que não conseguimos aceder a dados anteriores, é criado um novo registo nas nossas instalações"

- "Os doentes ficam desiludidos e, por vezes, sentem que não estamos interessados nas suas condições."

A partir da observação, os médicos previram casos de tratamento de pacientes cujos registos médicos anteriores não podiam ser acedidos, simplesmente porque alguns poderiam estar a visitar as suas instalações pela primeira vez.

5.1.2 Recolha de dados pós-teste

Como parte da recolha de dados pós-teste, foram utilizados métodos de arquivo de dados e entrevistas para recolher dados quantitativos e qualitativos. Foram criados diferentes números de doentes fictícios no sistema para testar a acessibilidade e a disponibilidade desses dados entre 3 estabelecimentos de saúde fictícios. Verificou-se que, se os registos fossem capturados com precisão no sistema, essas informações estavam disponíveis para qualquer um dos 3 estabelecimentos, mas o historial médico anterior dos doentes não era acessível.

Day	No. of patients with chronic ailments	Previous medical exists	Medical record accessible	Medical record NOT accessible
1	10	8	8	0
2	8	6	6	0
3	7	3	3	0
4	9	5	5	0
5	8	7	7	0

Quadro 1.2: Dados da amostra pós-teste

A partir do quadro acima, é evidente que, desde que existisse um registo médico anterior, a acessibilidade estava garantida, o que eliminava os casos em que os médicos tinham de confiar na recordação dos doentes relativamente ao seu historial médico anterior. Por conseguinte, encorajamos e recomendamos a sua adoção, especialmente nas agências governamentais e não governamentais que lidam com estes doentes.

Algumas das perguntas feitas durante a entrevista pós-teste foram as seguintes

- "A partir da sua experiência, descreva a sua interação com o sistema..."
- "Recomendaria o sistema a qualquer outra organização e porquê?"
- "Encontra algum problema ao interagir com o seu terminal?"
- "Quanto tempo demora a registar um novo doente ou a procurar os dados do doente a nível local e noutras instalações congéneres?"

As suas respostas gerais a estas perguntas foram as seguintes

- "Muito impressionante, especialmente o facto de ser fácil registar e recuperar o registo médico de um doente, independentemente do estabelecimento em que foi atendido. O facto de utilizar sms enviadas aos doentes para aceder aos registos mantidos nas instalações dos colegas torna-o significativamente seguro."
- "Sim, sem dúvida. Eu vou"
- "Nenhum, desde que a minha ligação à Internet seja boa" "São necessários cerca de 3 minutos

para registar um doente e cerca de 2 minutos para aceder aos registos médicos em instalações irmãs"

CAPÍTULO 6

CONCLUSÃO E RECOMENDAÇÕES

6.1 CONCLUSÃO.

A partir dos resultados obtidos, é evidente que a partilha do historial médico anterior dos doentes tem um **impacto positivo** na qualidade dos cuidados de saúde que os doentes recebem sempre que se deslocam a instalações médicas para tratamento, especialmente os que sofrem de doenças crónicas. A utilização de um sistema distribuído com base na Web para facilitar o acesso e a disponibilidade destes dados, como demonstrado nos capítulos 3, 4 e 5: foi feita investigação sobre a utilização de sistemas distribuídos com base na Web nos cuidados de saúde; foi estudada a utilização do openMRS e foram revistos artigos que sublinharam a importância da partilha de dados médicos, especialmente no caso de doentes com doenças crónicas, que podem deslocar-se de um local para outro. foi desenvolvido um protótipo de sistema de informação de saúde distribuído com base na Web, como demonstrado no capítulo 4. O protótipo do sistema foi testado e avaliado, como se mostra no capítulo 5. Os resultados foram analisados e as conclusões interpretadas, como se mostra no capítulo 5.

6.2 RECOMENDAÇÃO.

Recomenda-se mais investigação sobre a utilização da tecnologia de cadeia de blocos, os seus êxitos na bitcoin como tecnologia emergente e, sobretudo, a forma como pode ser utilizada no desenvolvimento e na implantação de sistemas de saúde que podem ser utilizados para ajudar a gerir doentes com doenças crónicas no Quénia e em África em geral.

6.2.1 Cadeia de blocos nos cuidados de saúde.

A cadeia de blocos parece estar a aparecer em toda a parte na Internet como a resposta para evitar ataques de ransomware a hospitais e como a tecnologia essencial para criar registos de saúde electrónicos generalizados para simplificar os cuidados de saúde, melhorar a qualidade e poupar milhares de milhões. É possível imaginar a cadeia de blocos nos cuidados de saúde recordando um mundo em que os computadores IBM System eram equipados com uma coleção de cabos RS-232 de série e uma variedade desconhecida de cabos personalizados com pin-outs. Não só havia uma variedade de cabos, como as comunicações através desses cabos seguiam uma sopa de letrinhas de protocolos. Estas interfaces, cabos e protocolos de comunicação tornaram-se muito mais simples com a introdução do TCP/IP. Considerando esta base elementar, é possível compreender a excitação de um mundo ligado à cadeia de blocos (Bukstel, 2011).

6.2.2 A cadeia de blocos resolve o problema do identificador principal do doente

Não só a cadeia de blocos ultrapassa largamente a boa privacidade oferecida pelos actuais sistemas de informação sobre cuidados de saúde, como também a própria natureza da cadeia de blocos incorpora a possibilidade de comparação de um identificador principal do doente. Isto significa que cada pessoa no mundo acabará por ter um identificador único num futuro próximo. Esse identificador único pode ser considerado como um dos grandes números primos que criaram a pilha de papel para a lua. Com esta "chave privada", é possível desbloquear o resultado da multiplicação através de uma simples divisão, o que, hipoteticamente, abre os registos de saúde contidos na espinha dorsal da cadeia de blocos. Imagine visualizar de repente o código binário a voar por todo o lado. Se tiver uma extensão do Chrome que permita ao seu navegador visualizar a cadeia de blocos, você e o seu prestador de serviços podem realmente ver o seu registo médico, as suas propriedades imobiliárias e todas as leituras de temperatura do seu termóstato Nest" (Bukstel, 2011).

6.2.3 Barreiras no atual sistema de saúde à implementação da cadeia de blocos.

A maior barreira à introdução de qualquer nova tecnologia, por mais "disruptiva" que seja, é a inércia, e os sistemas de saúde que não respondem ou se adaptam rapidamente. Fundamentalmente, os requisitos para a adoção da cadeia de blocos é a utilização de um identificador único do doente, ou um daqueles números primos realmente grandes. Imaginemos que a Cerner ou a Epic modificam os respectivos sistemas para manter uma "representação" deste identificador do doente. Quando se vai ao centro ambulatório de imagiologia por ressonância magnética, para um procedimento de diagnóstico, não há qualquer interface com o Cerner ou o Epic, o resultado é simplesmente disparado para a Internet utilizando a cadeia de blocos como suporte. A prescrição é escrita na cadeia de blocos com o seu identificador pessoal. As cadeias de blocos circulam pela Internet e são constantemente verificadas para detetar erros. Algumas das verificações de erros incluem a indicação de que o medicamento prescrito tem uma interação adversa com o medicamento prescrito noutro estabelecimento de saúde. Os dados dos seus sites de redes sociais relativos a problemas de saúde também serão encontrados na sua cadeia de blocos. A natureza de autocorreção da cadeia de blocos deve garantir que um registo correto esteja sempre disponível mediante pedido, em qualquer parte do mundo (Bukstel, 2011).

REFERÊNCIAS:

Allotey , P. et al., 2011. Repensar os sistemas de cuidados de saúde: um enfoque na cronicidade. Factos sobre a Saúde, Volume 22, p. 4.

Ampath, 2010. Confronting The Growing Burden Of Chronic Disease (Enfrentar a crescente carga de doenças crónicas). Cuidados primários e doenças crónicas.

Departamento de Saúde de Autrarian, 2014. Gestão das doenças crónicas. [Em linha] Disponível em: http://www.health.gov.au/Internet/main/publishing.nsf/content/mbsprimarycare-chronicdiseasemanagement [Acedido em maio de 2016].

Avision, D. et al., 1999. Investigação-ação. [Em linha] Disponível em : http://www.ic.unicamp.br/wainer/cursos/2s2006/epistemico/act-acm.pdf [Acedido em julho de 2016].

Baskerville, R., 1999. Investigando Sistemas de Informação com Pesquisa-Ação. [Em linha]. Disponível em: http://wise.vub.ac.be/thesis info/action research.pdf [Acedido em julho de 2016]

Bodenheimer, T., Chen, H. & Bennett, H., 2009. Confronting The Growing Burden Of ChronicDisease. Health Affairs, p. 1.

Bakstel, E., 2011. Blochain in Healthcare for dummies. [Em linha] Disponível em: https://medium.com/@Connected_Dots/blockchain-in-healthcare-for-dummies-190226e112eb#.jvioyesb1

Cline, S., 2012. About Health IT in North Carolina. N. D. o. H. a. H. Services, Departamento de Saúde e Serviços Humanos da Carolina do Norte.

Coleman, A., 2013. Um modelo integrado de partilha de registos de saúde dos doentes em hospitais públicos e privados na África do Sul. ESTUDOS SOBRE ETNO-MEDICINA, 7(2), pp.87-93

Freeman, K. & Hughes, B., setembro de 2013. Reforço dos sistemas de saúde. USAID Quénia.

Freeman, K. & Hughes, B., setembro de 2013. REFORÇO DOS SISTEMAS DE SAÚDE DO QUÉNIA DA USAID. Fact Sheets, p. 1.

Griffiths, F., Lindenmeyer, A. & Lowe, P., 2009. por que razão as intervenções no domínio dos cuidados de saúde são realizadas através da Internet? A systematic review of the published literature. Medical Internet Research, Volume 10, p. 8.

Hartmann, D. & Sooklal, S. 2011.The pen is mightier than the scalpel. Conferência Internacional de Engenharia Industrial, Engenharia de Sistemas e Gestão de Engenharia, Stellenbosch. Disponível em: http://www.scielo.org.za/pdf/sajie/v23n2/17.pdf

Helmer, A. et al., 2011. Empowering Patients through Personal Health Records: A Survey of Existing Third-Party Web-Based PHR products. Revista Eletrónica de Informática em Saúde, Volume 26, p. 3.

ITU,   2013.   ICTfactsandfigures   .   [Online]

Disponível em: http://www.itu.int/en/ITUD/Statistics/Documents/facts/ICTFactsFigures2013.pdf [Acedido em maio de 2016].

Kock,N., 2004. As três ameaças da investigação-ação. [Em linha] Disponível em: http://cits.tamiu.edu/kock/pubs/journals/2004JournalsDSS/Kock2004.pdf [Acedido em junho de 2016].

Kotz, D., Avancha, S., & Baxi, A. (2009, novembro). A privacy framework for mobile health and home-care systems. In Proceedings of the first ACM workshop on Security and privacy in medical and home-care systems (pp. 1-12). ACM

McKay,J e Rocha, A.(2001). Os dois imperativos da investigação-ação. [Em linha] Disponível em: http://doi:10.1108/09593840110384771

Mugo, D. e Nzuki, D. (2014). Determinantes da saúde eletrónica nos países em desenvolvimento. Revista Internacional de Artes e Comércio, [online] Vol. 3(3). Disponível em: http://www.ku.ac.ke/schools/business/images/stories/research.[Acedido em 7 set. 2015].

Saini, A., abril de 2015. Sistema distribuído e o seu papel no sistema de cuidados de saúde. Jornal Internacional de Ciência da Computação e Computação Móvel, 4(4), pp. 302-308.

OMS, maio de 2014. Doenças não transmissíveis. Ciências da gestão para a saúde, p. 1.

Were, M.C., Emenyonu, N., Achieng, M., Shen, C., Ssali, J., Masaba, J.P. e Tierney, W.M., 2010. Avaliação de um modelo escalável para a implementação de registos de saúde electrónicos em contextos de recursos limitados. Jornal da Associação Americana de Informática Médica, 17(3), pp.237-244.

Sawant, A., H. Bari, P., & P. M. Chawan, P. (2012). Técnicas de teste de software e Estratégias. International Journal Of Engineering Research And Applications, Vol. 2,(Issue 3), pp.980-986. [onliaafne] Disponível em: http://www.ijera.com

Ssembatya, R. (2014). Conceção de uma arquitetura para a partilha segura de registos de saúde pessoais
- Um caso de países em desenvolvimento. [online] Universidade da Cidade do Cabo. Disponível em: https://open.uct.ac.za [Acedido em 21 Fev. 2016].

Sommerville, Ian., 2007. Software Engineering. Oitava edição. Edinburgh Gate: Pearson Education Limitada

Sood, S. P., Nwabueze, S. N., Mbarika, V. W., Prakash, N., Chatterjee, S., Ray P., Mishra (2008).Electronic Medical Records: A Review Comparing the Challenges in Developed and Developing Countries [Registos médicos electrónicos: uma análise que compara os desafios nos países desenvolvidos e em desenvolvimento]. Actas da 41.ª Conferência Internacional do Havai sobre Ciências do Sistema.

Tierney ,W.M. et al .(2010) Experiência de implementação de registos de saúde electrónicos em três países da África Oriental. Medinfo 2010

Zyl, I. e Pennanen, T. (2013). O design de serviços como uma abordagem para a previsão de soluções de saúde eletrónica: Mapping the context of development in Grabouw, Western Cape. [em linha] Disponível em: http://hisa.nmmu.ac.za/getmedia/...ddeb.../HISA2013 [Acedido em 9 Jan. 2016].

ORÇAMENTO

Os custos estimados para este projeto são os indicados abaixo.

Item	Custo
1. 2 computadoresKsh	. 75000
2. ImpressorasKsh	. 15000
3. RoutersKsh	. 5000
4. Ligação à InternetKsh	. 5000
5. Custos de impressãoKsh	. 1500
6. EncadernaçãoKsh	. 350
7. Despesas de fotocópiasKsh	. 700
8. Custos de formaçãoKsh	.7500
9. DeslocaçõesKsh	. 4500
10. DiversosKsh	. 8000

APÊNDICE I: ENTREVISTA PRÉ-TESTE

1. Explique os desafios enfrentados na gestão de doentes com doenças crónicas, enumere-os?

2. Quais são algumas das principais razões que causam os desafios acima referidos?

3. Qual é a sua opinião sobre os desafios que mencionou?

4. Com que frequência ocorrem os desafios e explique como lida com a situação sempre que ela acontece?

5. Descreva a perceção criada quando ocorrem tais desafios.

6. Explique as lições aprendidas com essa experiência.

7. Existem medidas que tenham sido adoptadas para resolver esses desafios? Em caso afirmativo, queira explicar a sua eficácia.

8. Como é que os doentes reagem quando não é possível aceder ao seu historial médico anterior e, por vezes, lhes são receitados medicamentos que já falharam anteriormente?

9. A falta de acesso aos dados médicos anteriores dos doentes afecta a qualidade dos cuidados de saúde prestados?

10. Quantos doentes com doenças crónicas, em média, trata numa semana que não têm dados de tratamento anteriores? Quão difícil ou fácil é lidar com esta situação?

11. O que prevê que aconteça se a tendência atual se mantiver nos próximos 5 anos?

12. Qual é, na sua opinião, a solução para a situação atual?

13. Quem é grandemente afetado quando os dados médicos anteriores dos doentes não estão acessíveis?

14. Conhece outras alternativas que possam ser utilizadas para resolver a situação atual?

15. Se pudesse escolher, quando é que preferia ter a solução para aceder aos dados médicos anteriores do doente, independentemente do estabelecimento em que foi atendido?

APÊNDICE II: ENTREVISTA PÓS-TESTE

- A partir da sua experiência, descreva a sua interação com o sistema...

- Recomendaria o sistema a qualquer outra organização e porquê?

- Encontra algum problema ao interagir com o seu terminal?

- Quanto tempo demora a registar um novo doente ou a procurar os dados do doente a nível local e noutras instalações congéneres?

- É fácil ou difícil cometer um erro durante a introdução de dados?

- Qual é a possibilidade de aceder ao historial médico de um paciente sem o consentimento do cliente?

- Descreva o nível de exatidão do sistema.

- O sistema afecta agora a forma como lida com os pacientes cujos dados médicos anteriores são mantidos noutras unidades de saúde?

- A quantos registos de pacientes conseguiu aceder, especialmente aqueles cujos dados médicos anteriores se encontravam noutras instalações?

- Como classificaria o sistema em geral? O sistema ofereceu alguma ajuda significativa?

- Descreva a sua opinião sobre o sistema no seu conjunto e o papel que este desempenhou na resolução do problema da gestão dos doentes com doenças crónicas.

- Que impacto terá a utilização contínua do novo sistema dentro de 5 anos?

- Quais são os méritos e os inconvenientes da utilização do sistema, se for caso disso?

- Qual é a sua opinião geral sobre a qualidade do serviço prestado através da utilização do sistema?

APÊNDICE III: CARTA DE ACOMPANHAMENTO DO PEDIDO DE INVESTIGAÇÃO

Morris Murimi Onduko

P.O. Box 39513-00623, Forest Rd, Nairobi

Telefone: +254723 450496 | Email: monduko@hotmail.com

25 de agosto de 2016

A QUEM POSSA INTERESSAR

Caro(a) Senhor(a),

REF: <u>UTILIZAÇÃO DE SISTEMAS DISTRIBUÍDOS PARA GERIR DOENÇAS CRÓNICAS</u>

Escrevo para pedir humildemente uma oportunidade de colaborar consigo no meu projeto de investigação que procura investigar o impacto da utilização de sistemas distribuídos para gerir pacientes com doenças crónicas desenvolvidos para serem utilizados por prestadores de cuidados de saúde que lidam com esses pacientes no Quénia. Sou administrador de sistemas e estou atualmente a tirar um mestrado na Universidade de Nairobi.

Em anexo, encontram-se cópias actualizadas do meu CV e do documento detalhado do projeto para vossa leitura. Não hesitem em contactar-me através de qualquer um dos contactos acima indicados para qualquer esclarecimento ou assistência. Agradecerei se receber a vossa resposta até 15th de setembro de 2016.

A oportunidade de avaliar convosco o impacto e a forma como os seus pontos fortes podem servir melhor a vossa organização é muito bem-vinda.

Com os melhores cumprimentos,

Morris Murimi Onduko

APÊNDICE IV: INTERFACES DO MÉDICO E CLASSES DE INVOCAÇÃO DO MIDDLEWARE

<u>Interface de início de sessão do médico:</u> Segue-se a captura de ecrã da página de início de sessão do médico. O código utilizado para o implementar pode ser encontrado nos apêndices V.

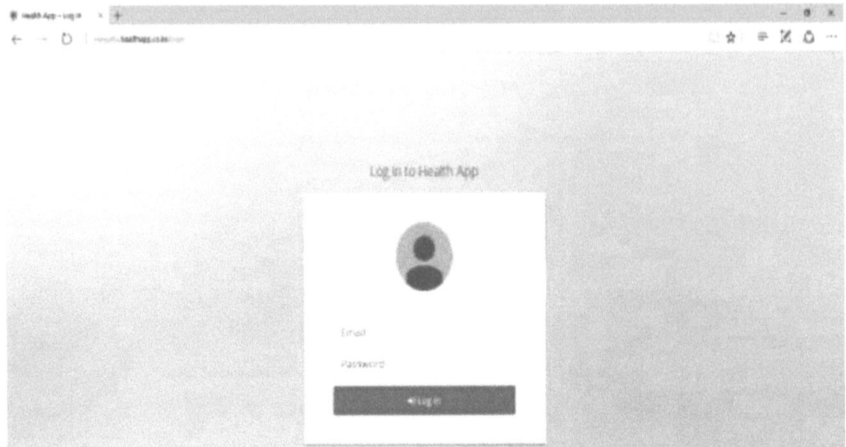

Figura 7: Página de início de sessão do protótipo

<u>Interface de registo de novos doentes</u>

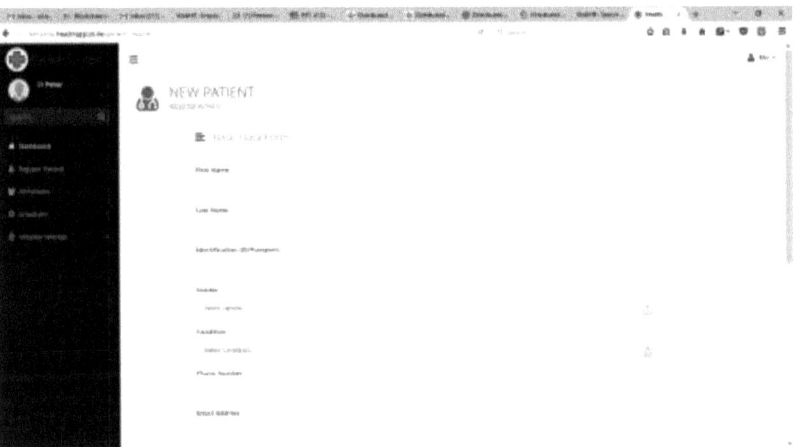

Figura 8: Formulário de registo do novo doente, parte 1

Figura 9: Formulário de registo do novo doente, parte 2

As capturas de ecrã seguintes mostram um cenário em que nenhum doente foi registado em nenhuma das três instalações fictícias e as bases de dados de backend estão em branco. Um doente fictício "Joyce Magoma" é então registado num estabelecimento e é-lhe passada uma receita. Os dados são automaticamente replicados na base de dados principal. As bases de dados dos outros estabelecimentos de saúde, através de uma comunicação aleatória por sms móvel, podem consequentemente aceder aos dados através da base de dados principal.

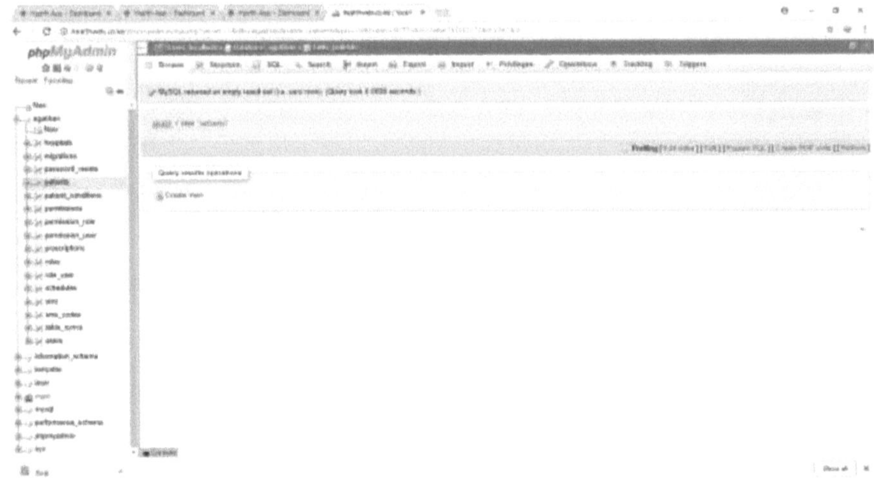

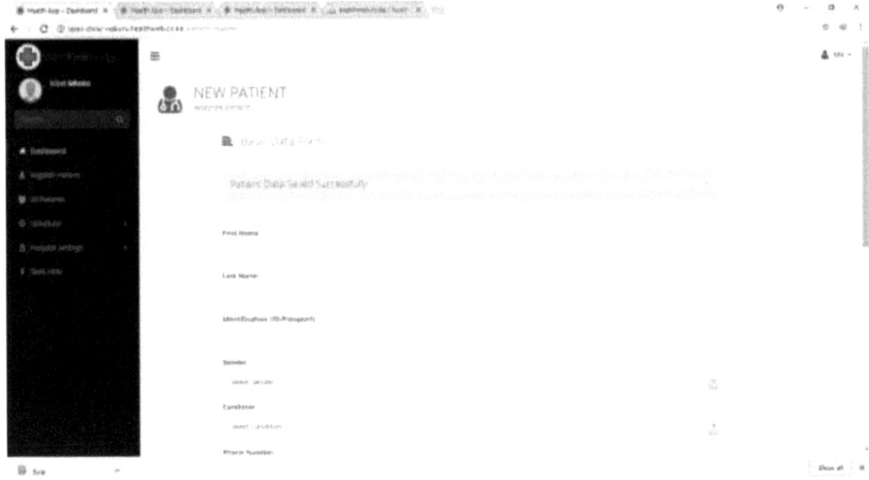

NEW PATIENT
Patient Data Saved Successfully
First Name
Last Name
Identification (ID/Passport)
Gender
Condition
Phone Number

PRESCRIBING FOR JOYCE MAGOMA
Prescription Form
Prescription Saved Successfully
Nature of Treatment
Full Description
Checkup Done

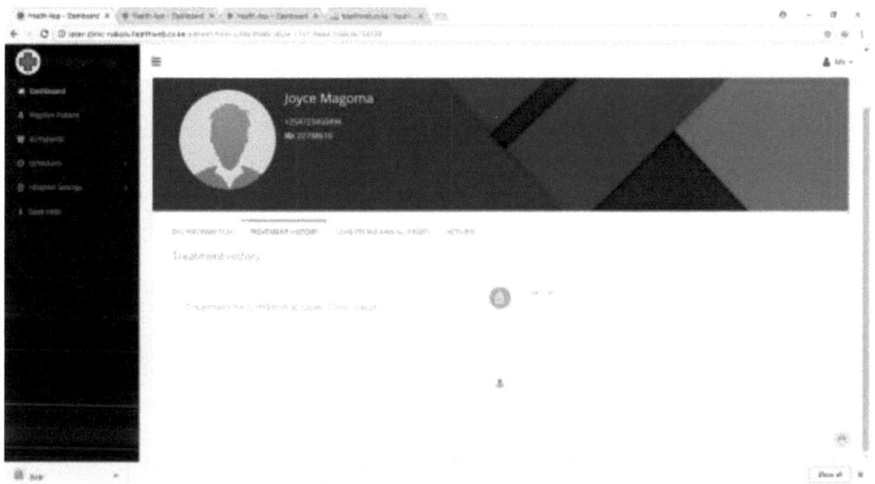
Joyce Magoma
Treatment History

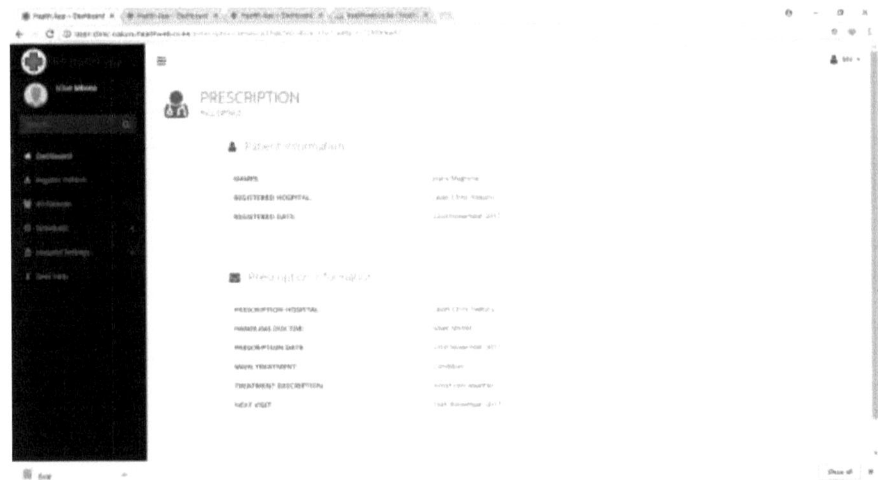

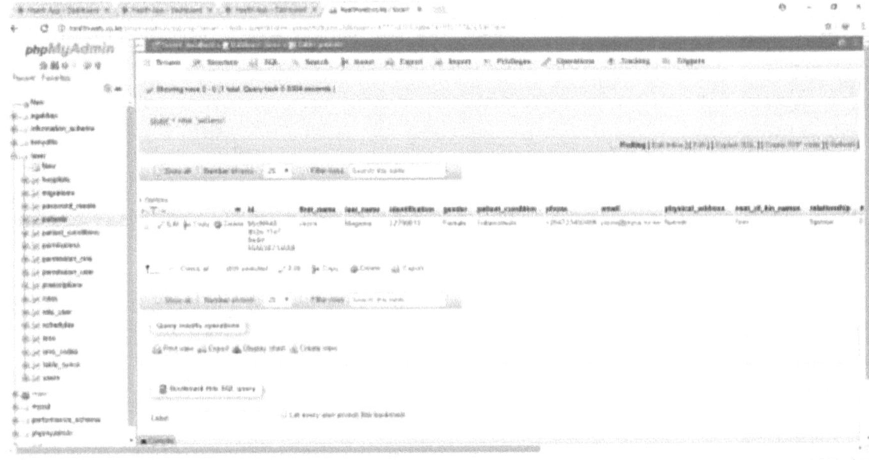

60

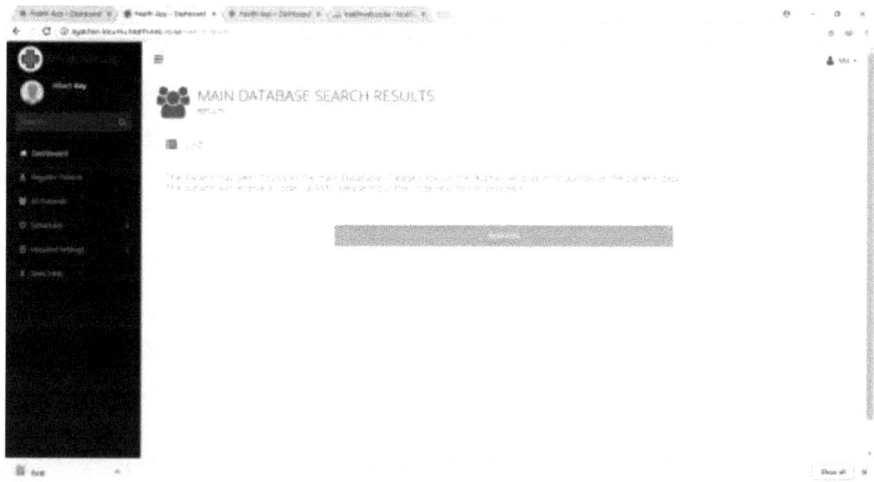
MAIN DATABASE SEARCH RESULTS

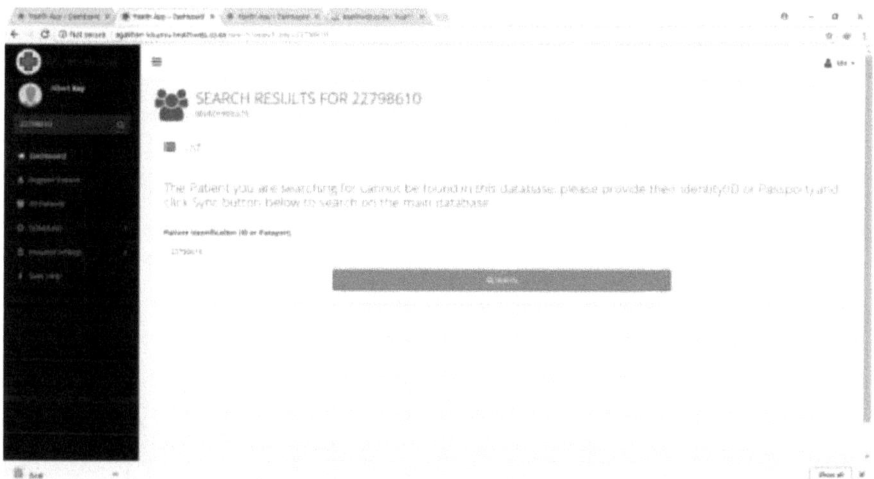
SEARCH RESULTS FOR 22798610

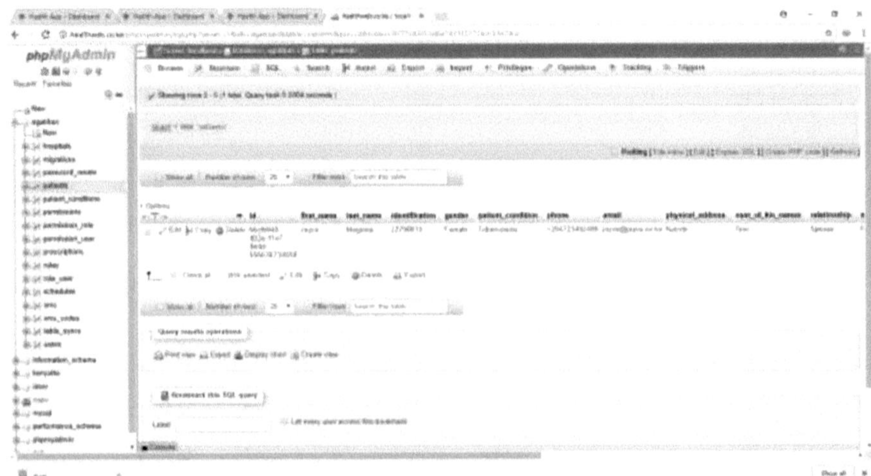

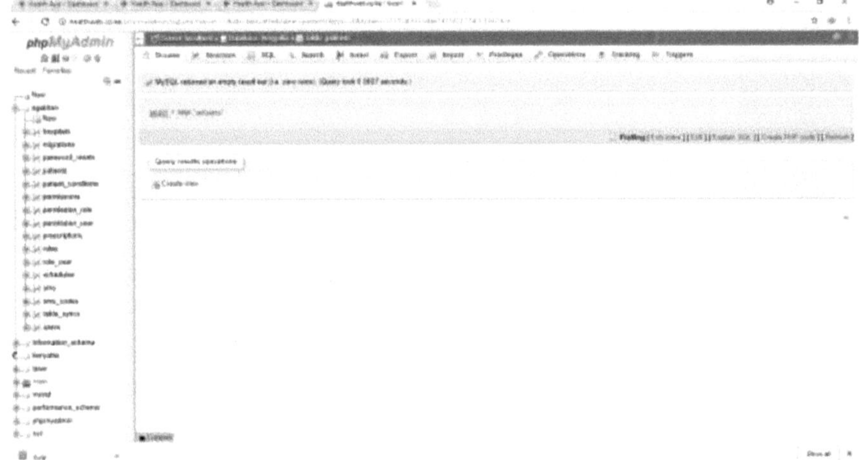

APÊNDICE V: CÓDIGO DA PÁGINA DE INÍCIO DE SESSÃO

```php
<?php

namespace App\Http\Controllers\Auth;

use App\User;

use Bican\Roles\Models\Role;

use Illuminate\Support\Facades\Hash;

use Illuminate\Support\Facades\Validator;

use Illuminate\Support\Facades\Auth;

use Illuminate\Support\Facades\Mail;

use Illuminate\Support\Facades\URL;

use App\Http\Controllers\Controller;

use Illuminate\Foundation\Auth\ThrottlesLogins;

use Illuminate\Foundation\Auth\AuthenticatesAndRegistersUsers;

use Illuminate\Http\Request;

class AuthController extends Controller

{

  use AuthenticatesAndRegistersUsers, ThrottlesLogins;

  protected $redirectTo = '/';

  protected $loginPath = '/login';

  public function __construct()

  {

    $this->middleware('guest', ['except' => 'getLogout']);

  }

  public function register()

  {

    return view('auth.register');

  }

  public function getRegisterSuccess()

  {

    return view('auth.register_successful');

  }
```

```php
public function getLogin()
{
   return view('auth.login');
}
public function getForgotPassword()
{
   return view('auth.password');
}
public function postRegister(Request $request)
{
   $validator = Validator::make($request->all(), [
      'first_name' => 'required|max:255|min:2',
      'last_name' => 'required|max:255|min:2',
      'email' => 'required|email|unique:users',
      'country' => 'required_with:phone',
      'password' => 'required|valid_password',
      'password_confirm' => 'required|same:password',
   ]);
   $country = Country::findOrFail($request->country);
   $country_code = $country->code;

   $validator->after(function ($validator) use ($request, $country_code) {
      if ($request->phone != '' && !valid_mobile($request->phone, $country_code)) {
         $validator->errors()->add('phone', ' phone should be a mobile number and valid for the
selected country');
      }
   });     if ($validator->fails()) {
      return redirect('/user/register')
         ->withErrors($validator)
         ->withInput();
   }
```

```php
$user = new User;
$user->first_name = $request->first_name;
$user->last_name = $request->last_name;
$user->email = $request->email;
$user->email_confirm_token = base64_encode(str_random(60));
$user->last_name = $request->last_name;
$user->mobile_number = phone_format_E64($request->phone, $country_code);
$user->country_id = $request->country;
$user->password = Hash::make($request->password);
if ($user->save()) {
    $role = Role::findOrFail(5);// manual: default role
    $user->attachRole($role);
    Mail::send('emails.auth.activate',
        ['link' => URL::to('/user/activate', $user->email_confirm_token),
          'first_name' => $user->first_name,],
        function ($message) use ($user) {
          $message->to($user->email, $user->full_name)
              ->subject('Welcome to Acres & Wheels');
        });
    return redirect('/user/register/success')->with('message', 'Registration Successful .An
email has been sent to you with a confirm link . Please click the link in the email to activate your
account')->with('flash_type', 'alert-success');
    } else {
      return redirect('/register')->with('message', 'Registration Failed. Please try again or
Contact us for assistance if the problem persists')->with('flash_type', 'alert-danger');
    }
  }
  public function postLogin(Request $request)
  {
    $this->validate($request, [
      'email' => 'required|email',
```

```php
        'password' => 'required',
    ]);
    $email = $request->email;
    $pass = $request->password;
    $remember = $request->remember ? true : false;

    $auth = Auth::attempt(['email' => $email, 'password' => $pass, 'active' => 1], $remember);
    if ($auth) {
        return redirect()->intended('/');
    }
    return redirect('/login')->with('message', 'Login Failed. Please check your Credentials or
Contact us for assistance')->with('flash_type', 'alert-danger');
  }
  public function getLogout()
  {
    Auth::logout();
    return redirect('/');
  }
  public function getActivate($code)
  {
    $user = User::where('email_confirm_token', $code)->where('active', 0)->first();
    if ($user) {
        $user->active = 1;
        $user->email_confirm_token = '';
        $user->save();
        return redirect('/login')->with('message', 'Account Activation Successful. Please Login
Below!')->with('flash_type', 'alert-success');
    } else {
        return redirect('/login')->with('message', 'Account Activation Failed. Please Contact us
for assistance')->with('flash_type', 'alert-danger');
    } } }
```

APÊNDICE VI: CÓDIGO DE REGISTO DO DOENTE

```php
<?php

namespace App\Http\Controllers;

use App\Hospital;

use App\Patient;

use App\User;

use Carbon\Carbon;

use Illuminate\Http\Request;

use App\Http\Requests;

use Illuminate\Support\Facades\Input;

use Illuminate\Support\Facades\Validator;

use Illuminate\Support\Facades\Redirect;

use App\Classes\Collections;

use libphonenumber\PhoneNumberFormat;

use App\Classes\UpdateMain;

use Illuminate\Support\Facades\DB;

use App\Classes\SMS;

class PatientController extends Controller
{
    public function __construct(SMS $sms)
    {
        $this->sms = $sms;
    }
    public function index()
    {
        $patients = Patient::all();
        return view('patients', compact('patients'));
    }
    public function register()
    {
```

```php
    $relationships = Collections::getRelationships();
    $conditions = Collections::getMedicalConditions();
    $genders = Collections::getGender();
    return view('register', compact('relationships', 'conditions', 'genders'));
}
public function edit($id)
{
    $patient = Patient::find($id);
    return view('patient_edit', compact('patient'));
}
public function update(Request $request)
{
    $validator = Validator::make($request->all(), [
        'first_name' => 'required',
        'last_name' => 'required',
        'identification' => 'required|alpha_num',
        'gender' => 'required',
        'condition' => 'required',
        'phone' => 'required|phone:KE,mobile',
        'email' => 'email',
        'next_of_kin_names' => 'required',
        'relationship' => 'required',
        'next_of_kin_phone' => 'required|phone:KE,mobile',
        'next_of_kin_email' => 'email'
    ]);
    if ($validator->fails()) {
        return Redirect::back()->withErrors($validator)->withInput();
    } else {
        $patient = Patient::find($request->patient_id);
        $patient->first_name = $request->first_name;
        $patient->last_name = $request->last_name;
```

```php
$patient->identification = $request->identification;

$patient->gender = $request->gender;

$patient->patient_condition = $request->condition;

$patient->phone = phone_format($request->phone, 'KE', PhoneNumberFormat::E164);

$patient->email = $request->email;

$patient->physical_address = $request->physical_address;

$patient->next_of_kin_names = $request->next_of_kin_names;

$patient->relationship = $request->relationship;

$patient->next_of_kin_phone = $request->next_of_kin_phone;

$patient->next_of_kin_email = $request->next_of_kin_email;

$patient->next_of_kin_phy_address = $request->next_of_kin_phy_address;

if ($patient->save()) {

    $data = array(

        'first_name' => $patient->first_name,

        'last_name' => $patient->last_name,

        'identification' => $patient->identification,

        'gender' => $patient->gender,

        'patient_condition' => $patient->patient_condition,

        'phone' => $patient->phone,

        'email' => $patient->email,

        'physical_address' => $patient->physical_address,

        'next_of_kin_names' => $patient->next_of_kin_names,

        'relationship' => $patient->relationship,

        'next_of_kin_phone' => $patient->next_of_kin_phone,

        'next_of_kin_email' => $patient->next_of_kin_email,

        'next_of_kin_phy_address' => $patient->next_of_kin_phy_address

    );

    //update main

    DB::connection('main')->table('patients')

        ->where('id', $patient->id)

        ->update($data);
```

```php
            return Redirect::back()->with('message', 'Patient Data Saved Successfully')
               ->with('flash_type', 'alert-success');
        } else {
            return Redirect::back()->with('message', 'Error occurred while trying to save the data')
               ->with('flash_type', 'alert-danger');

        }

     }

  }
  public function create(Request $request)
  {
     $validator = Validator::make($request->all(), [
        'first_name' => 'required|alpha',
        'last_name' => 'required|alpha',
        'identification' => 'required|unique:patients,identification',
        'gender' => 'required',
        'condition' => 'required',
        'phone' => 'required|phone:KE,mobile',
        'email' => 'email',
        'next_of_kin_names' => 'required',
        'relationship' => 'required',
        'next_of_kin_phone' => 'required|phone:KE,mobile',
        'next_of_kin_email' => 'email'
     ]);
     if ($validator->fails()) {
        return Redirect::back()->withErrors($validator)->withInput();
     } else {
        $p = DB::connection('main')->table('patients')->where('identification', $request->identification)->first();
        if (!empty($p)) {   return Redirect::back()->with('message', 'The Identification Number is already registered with another patient in another hospital. Please use the search functionality to discover them out.')
```

```php
          ->with('flash_type', 'alert-danger');
} else {
    $hospital = Hospital::where('is_default', 1)->first();
    $patient = new Patient();
    $patient->first_name = $request->first_name;
    $patient->last_name = $request->last_name;
    $patient->identification = $request->identification;
    $patient->gender = $request->gender;
    $patient->patient_condition = $request->condition;
    $patient->phone = phone_format($request->phone, 'KE', PhoneNumberFormat::E164);
    $patient->email = $request->email;
    $patient->physical_address = $request->physical_address;
    $patient->next_of_kin_names = $request->next_of_kin_names;
    $patient->relationship = $request->relationship;
    $patient->next_of_kin_phone = $request->next_of_kin_phone;
    $patient->next_of_kin_email = $request->next_of_kin_email;
    $patient->next_of_kin_phy_address = $request->next_of_kin_phy_address;
    $patient->hospital_id = $hospital->id;
    if ($patient->save()) {
        $new_p = Patient::find($patient->id);
        $data = array(
          array(
            'id' => $new_p->id,
            'first_name' => $new_p->first_name,
            'last_name' => $new_p->last_name,
            'identification' => $new_p->identification,
            'gender' => $new_p->gender,
            'patient_condition' => $new_p->patient_condition,
            'phone' => $new_p->phone,
            'email' => $new_p->email,
            'physical_address' => $new_p->physical_address,
```

```php
                    'next_of_kin_names' => $new_p->next_of_kin_names,
                    'relationship' => $new_p->relationship,
                    'next_of_kin_phone' => $new_p->next_of_kin_phone,
                    'next_of_kin_email' => $new_p->next_of_kin_email,
                    'next_of_kin_phy_address' => $new_p->next_of_kin_phy_address,
                    'hospital_id' => $new_p->hospital_id,
                    'created_at' => $new_p->created_at,
                    'updated_at' => $new_p->updated_at,
                ),
            );
            UpdateMain::patients($data, $new_p->identification);
            return Redirect::back()->with('message', 'Patient Data Saved Successfully')
                ->with('flash_type', 'alert-success');
        } else {
            return Redirect::back()->with('message', 'Error occurred while trying to save the
data')                ->with('flash_type', 'alert-danger');
        }
      }
    }
  }
  public function history($id)
  {
    $patient = Patient::find($id);
    $prescriptions = $patient->prescriptions()->orderBy('created_at', 'desc')->get();
    return view('patient', compact('patient', 'prescriptions'));
  }
  public function showHospitalPatients($id)
  {
    $hospital = Hospital::find($id);
    $patients = $hospital->patients()->get();
    return view('patients', compact('patients', 'hospital'));
```

```php
    }
    public function search()
    {
        $search_key = Input::get('search_key');
        $patients = Patient::where('first_name', $search_key)
            ->orWhere('last_name', $search_key)
            ->orWhere('identification', $search_key)
            ->orWhere('phone', $search_key)
            ->orWhere('email', $search_key)
            ->get();
        return view('search', compact('patients'));
    }
    public function searchMain(Request $request)
    {
        $validator = Validator::make($request->all(), [
            'patient_identification' => 'required|alpha_num',
        ]);
        if ($validator->fails()) {
            return Redirect::back()->withErrors($validator)->withInput();
        } else {
            $results = DB::connection('main')->table('patients')->where('identification', $request->patient_identification)->first();
            return redirect('search/results')->with('results', $results);
        }
    }
    public function mainSearchResults()
    {
        return view('search_results');
    }
    public function sendCode(Request $request)
    {
```

```php
        $code = rand(1000, 9999);
        $this->sms->send($request->patient_phone, $code);
        $data = array(
            array(
                'patient_id' => $request->patient_id,
                'patient_phone' => $request->patient_phone,
                'code' => $code,
                'created_at' => Carbon::now()->toDateTimeString(),
                'updated_at' => Carbon::now()->toDateTimeString(),
            ),
        );


        DB::table('sms_codes')->insert($data);
        $response = array(
            'status' => 'success',
            'message' => '<h3>Code sent to Patient</h3>',
        );
        return response()->json($response);
    }
    public function completeAndSync(Request $request)
    {
        if (!empty($request->code)) {
            try {
                $code = DB::table('sms_codes')->where('patient_id', $request->patient)->orderBy('id', 'desc')->first();
                if ($code->code == $request->code) {
                    $patient = DB::connection('main')->table('patients')->where('id', $request->patient)->first();
                    $hospital_exists_locally = Hospital::where('id', $patient->hospital_id);
                    if (!$hospital_exists_locally->exists()) {
```

```php
        $hospital = DB::connection('main')->table('hospitals')->where('id', $patient-
>hospital_id)->first();
            $hosy_data = array(
                array(
                    'id' => $hospital->id,
                    'name' => $hospital->name,
                    'address' => $hospital->address,
                    'branch' => $hospital->branch,
                    'is_default' => '0',
                    'created_at' => $hospital->created_at,
                    'updated_at' => $hospital->updated_at,
                ),
            );
            DB::table('hospitals')->insert($hosy_data);
        }
        $patient_id = Patient::where('identification', $patient->identification)->first();
        if (empty($patient_id)) {
            $patient_data = array(
                array(
                    'id' => $patient->id,
                    'first_name' => $patient->first_name,
                    'last_name' => $patient->last_name,
                    'identification' => $patient->identification,
                    'gender' => $patient->gender,
                    'patient_condition' => $patient->patient_condition,
                    'phone' => $patient->phone,
                    'email' => $patient->email,
                    'physical_address' => $patient->physical_address,
                    'next_of_kin_names' => $patient->next_of_kin_names,
                    'relationship' => $patient->relationship,
                    'next_of_kin_phone' => $patient->next_of_kin_phone,
```

```php
                        'next_of_kin_email' => $patient->next_of_kin_email,
                        'next_of_kin_phy_address' => $patient->next_of_kin_phy_address,
                        'hospital_id' => $patient->hospital_id,
                        'created_at' => $patient->created_at,
                        'updated_at' => $patient->updated_at,
                    ),
                );
                DB::table('patients')->insert($patient_data);
                //sync prescriptions
                $prescriptions = DB::connection('main')->table('prescriptions')-
>where('patient_id', $patient->id)->get();
                foreach ($prescriptions as $prescription) {
                    //sync doctor first
                    //$presc = DB::connection('main')->table('prescriptions')->where('id',
$prescription->id)->first();
                    $local_doc = User::where('id', $prescription->user_id)->first();
                    if (empty($local_doc)) {
                        $doc = DB::connection('main')->table('users')->where('id', $prescription-
>user_id)->first();
                        $doc_data = array(
                            array(
                                'id' => $doc->id,
                                'first_name' => $doc->first_name,
                                'last_name' => $doc->last_name,
                                'email' => $doc->email,
                                'phone' => $doc->phone,
                                'password' => $doc->password,
                                'code' => $doc->code,
                                'is_synced' => 'yes',
                                'active' => 0,
                                'created_at' => $doc->created_at,
```

```php
                    'updated_at' => $doc->updated_at
                ),
            );
            DB::table('users')->insert($doc_data);
        }
        $presc_data = array(
            array(
                'id' => $prescription->id,
                'treatment_nature' => $prescription->treatment_nature,
                'full_desc' => $prescription->full_desc,
                'checkup_date' => $prescription->checkup_date,
                'patient_id' => $prescription->patient_id,
                'user_id' => $prescription->user_id,
                'is_synced' => 'yes',
                'hospital_id' => $prescription->hospital_id,
                'created_at' => $prescription->created_at,
                'updated_at' => $prescription->updated_at
            ),
        );
        DB::table('prescriptions')->insert($presc_data);
    }
    $conditions = DB::connection('main')->table('patient_conditions')->where('patient_id', $patient->id)->get();
    foreach ($conditions as $condition) {
        $c_exists = DB::table('patient_conditions')->where('id',$condition->id)->get();
        $cond_data = array(
            array(
                'id' => $condition->id,
                'patient_id' => $condition->patient_id,
                'hospital_id' => $condition->hospital_id,
                'prescription_id' => $condition->prescription_id,
```

```php
                            'patient_condition' => $condition->patient_condition,

                            'is_synced' => 'yes',

                            'created_at' => $condition->created_at,

                            'updated_at' => $condition->updated_at

                        ),

                    );

                    if(count($c_exists)<1) {

                        DB::table('patient_conditions')->insert($cond_data);

                    }

                }

            }

            DB::table('sms_codes')->where('patient_id', $request->patient)->delete();

            $response = array(

                'status' => 'success',

                'message' => '<h3>Success! All data has been synced</h3>',

            );

        } else {

            $response = array(

                'status' => 'error',

                'message' => '<h3>Sorry, The code you have provided doesn\'t exist</h3>',

            );

        }

    }catch (\Exception $e){

        $response = array(

            'status' => 'error',

            'message' => $e->getMessage(),

        );

    }

} else {

    $response = array(

        'status' => 'error',
```

```php
        'message' => '<h3>Sorry, Code can not be empty!</h3>',
    );
  }
  return response()->json($response);
}
public function delete(Request $request)
{
    $record = Patient::find($request->id);
    if ($record->hospital->is_default) {
        DB::connection('main')->table('patients')
          ->where('id', $request->id)
          ->update(['deleted_at' => Carbon::now()]);
        if ($record->delete()) {
          $response = array(
            'status' => 'success',
            'message' => 'Recorded removed successfully',
          );
        } else {
          $response = array(
            'status' => 'error',
            'message' => 'Something went wrong,record not deleted',
          );
        }
    } else {
        $response = array(
          'status' => 'error',
          'message' => '<h4><b>Sorry!</b></h4> Records can only be deleted from the
Hospital where the record was created.',
        );
    }
    return response()->json($response);  }  }
```

Printed by Books on Demand GmbH, Norderstedt / Germany